## MAIS OPINIÕES SOBRE *O Milionário Automático*

"Finalmente, um livro que irá ajudar você a parar de suar quando o assunto for o seu dinheiro! *O Milionário Automático* é uma leitura rápida e fácil que o estimula a entrar em ação. Se você quer se motivar financeiramente, David Bach é o consultor em que poderá confiar sempre."

— Richard Carlson, autor de
*Don't Sweat the Small Stuff*

"*O Milionário Automático* prova que você não precisa ganhar montes de dinheiro ou adotar um plano financeiro complicado. Poderá, literalmente, começar hoje mesmo a perseguir seus sonhos financeiros, em questão de horas e apenas com um segredo que irá mudar a sua vida: pague-se em primeiro lugar, automaticamente! Não menos importante, o livro mostra como simplificar e automatizar a vida financeira."

— Harry S. Dent, Jr., estrategista de investimentos e
autor de *The Roaring 2000s*

"*O Milionário Automático* é, em resumo... um grande livrinho! Você poderá lê-lo em poucas horas e começar a agir imediatamente para tornar-se um milionário, segundo um plano eficiente, simples e totalmente AUTOMÁTICO."

— Robert G. Allen, co-autor de
*The One Minute Millionaire*

"David Bach torna fácil, alegre e excitante para você a compreensão de suas finanças. *O Milionário Automático* é um guia prático e hábil para dominar o relacionamento com o dinheiro."

— Barbara De Angelis, Ph.D., autora de
*What Women Want Men to Know*

"Mais pessoas se tornarão milionárias nos próximos anos do que em toda a história pregressa da humanidade. Nunca foi tão fácil sair das dívidas, alcançar independência econômica e construir uma fortaleza financeira à sua volta. Este livro de fácil leitura de David Bach fornece-lhe as estratégias e técnicas práticas de que precisa para assumir controle total de sua vida financeira e tornar-se o milionário que sempre quis ser."

— Brian Tracy, autor de *Goals!*

"David Bach ensina-lhe o segredo para enriquecer — tão simples que está ao alcance de qualquer um. Leia o livro, siga os conselhos e a sua vida mudará."

— Candace Bahr e Ginita Wall, co-fundadoras do Women's Institute for Financial Education (WIFE.org)

"Pague-se primeiro. São idéias simples como essa que farão toda a diferença em seu futuro financeiro. Se quiser ignorar o novo livro de David Bach, faça-o por sua própria conta e risco."

— Al Ries, autor de *Focus, the Future of Your Company Depends on It*

"*O Milionário Automático* é brilhante em sua simplicidade e gostoso de ler do princípio ao fim. Se você quer alcançar segurança financeira e continuar dormindo bem à noite, leia o livro! Obrigada, David... seus conselhos mudarão a vida de muita gente."

— Barbara Stanny, autora de *Secrets of Six-Figure Women* e *Prince Charming Isn't Coming*

"Ouvi certa vez que, para fazer uma coisa eficiente, é preciso fazê-la prática. *O Milionário Automático* é um livro 100% prático e eficiente. David Bach é um dos poucos profissionais, no mundo das finanças, que desejam realmente provocar um grande impacto na vida financeira das pessoas. Este é um daqueles livros raros que podem de fato mudar sua vida!"

— Louis Barajas, autor de *The Latino Journey to Financial Greatness*

# O MILIONÁRIO AUTOMÁTICO

O PLANO PERFEITO PARA
VIVER BEM E FICAR RICO

**David Bach**

*Tradução*
GILSON CÉSAR CARDOSO DE SOUSA

*Revisão Técnica e Adaptação*
MARIA FRANCISCA SACHS
(Diretora Private Bank — Banco BNP Paribas Brasil)

EDITORA CULTRIX
São Paulo

Título original: *The Automatic Millionaire.*



Publicado mediante acordo com a Broadway Books, uma divisão da Random House, Inc.



**Dados Internacionais de Catalogação na Publicação (CIP)**
**(Câmara Brasileira do Livro, SP, Brasil)**

Bach, David
O milionário automático : o plano perfeito para viver bem e ficar rico / David Bach ; tradução Gilson César Cardoso de Sousa ; revisão técnica e adaptação Maria Francisca Sachs. -- São Paulo : Cultrix, 2005.

Título original: The automatic millionaire: a powerful one-step plan to live and finish rich.
ISBN 85-316-0903-8

1. Dinheiro 2. Finanças pessoais 3. Riqueza 4. Segurança financeira I. Sachs, Maria Francisca. II. Título. III. Título: O plano perfeito para viver bem e ficar rico.

05-5324 CDD-332.02401

**Índices para catálogo sistemático:**
1. Segurança financeira : Finanças pessoais : Economia 332.02401

O primeiro número à esquerda indica a edição, ou reedição, desta obra. A primeira dezena à direita indica o ano em que esta edição, ou reedição, foi publicada.

| Edição | Ano |
|---|---|
| 1-2-3-4-5-6-7-8-9-10-11 | 05-06-07-08-09-10-11 |

Direitos de tradução para o Brasil
adquiridos com exclusividade pela
EDITORA PENSAMENTO-CULTRIX LTDA.
Rua Dr. Mário Vicente, 368 — 04270-000 — São Paulo, SP
Fone: 6166-9000 — Fax: 6166-9008
E-mail: pensamento@cultrix.com.br
http://www.pensamento-cultrix.com.br
que se reserva a propriedade literária desta tradução.

*Impresso em nossas oficinas gráficas.*

Ao meu professor de inglês,

Peter Annas,

obrigado pela dedicação e por ter me inspirado a escrever.

Você mudou a minha vida.

# SUMÁRIO

Introdução ........ 9

**Capítulo 1**
Conheça o Milionário Automático ........ 15

**Capítulo 2**
O Fator Café: Torne-se um Milionário Automático Economizando um Pouco por Dia ........ 27

**Capítulo 3**
Aprenda a Pagar-se em Primeiro Lugar ........ 45

**Capítulo 4**
Agora, Automatize o Processo ........ 59

**Capítulo 5**
Automatização para os Dias Difíceis ........ 89

**Capítulo 6**
Compra Automática da Casa ........ 105

**Capítulo 7**
O Estilo de Vida Sem Dívidas ............ 125

**Capítulo 8**
Faça a Diferença com o Dízimo Automático ............ 135

Uma Palavra Final:
A Sua Jornada Começa Hoje! ............ 143

Agradecimentos ............ 147

Sobre o Autor ............ 151

# INTRODUÇÃO

*E se eu lhe disser que em apenas uma ou duas horas poderei partilhar com você um sistema que irá transformá-lo lenta, mas seguramente, num milionário?*

*E se eu lhe disser que se trata de um sistema aprovado, que você poderá pôr em prática em uma ou duas horas, sem precisar de orçamento nem disciplina, investindo por dia apenas o que você gastaria com um lanche — e por telefone, no conforto de seu lar?*

*E se eu lhe disser que esse sistema se chama* O Milionário Automático *e que, se você passar comigo apenas uma ou duas horas, se tornará um milionário? E se eu lhe disser que é fácil — tão fácil, na verdade, que depois de começar você nunca precisará gastar mais de dez minutos por mês monitorando-o?*

*Chamei a sua atenção? Você passará uma ou duas horas comigo? Quer se transformar num* Milionário Automático*?*

— David Bach

**Se as linhas acima chamaram a sua atenção — e espero que sim —, então, por favor, continue lendo. Se você estiver numa livraria, percorra mais algumas páginas. Prometo-lhe que ficará fascinado. Este livro foi feito para ser lido em uma ou duas horas e posto em prática imediatamente. É leitura fácil. É um sistema fácil. Poderá ajudá-lo se você o permitir porque se baseia em conselhos financeiros de senso comum, testados e aprovados.**

## QUEM ROUBOU O SONHO DA CLASSE MÉDIA?

Em algum lugar e de algum modo, nos últimos anos, algo aconteceu ao sonho da classe média de possuir uma casa num bom bairro, dirigir um carro de luxo, dar aos filhos (se tiver) uma vida melhor do que se teve e aposentar-se com dinheiro suficiente para fazer o que quiser, na hora que escolher. E o que aconteceu foi que esse sonho desapareceu para muitos americanos.

Em conseqüência da retração do mercado de ações, muitos americanos viram sua fortuna pessoal desaparecer. Entre o mês de março de 2000, ponto alto na Wall Street, e o verão de 2002, a bolsa americana perdeu um total de 6,9 trilhões de dólares. Resultado: milhões de aposentados tiveram de voltar ao trabalho — por quanto tempo, não se sabe. Enquanto isso, outros milhões que pensavam aposentar-se nos próximos cinco ou dez anos estão se perguntando: "Que aconteceu? Será que conseguirei aposentar-me algum dia? Aonde foi parar a minha quota do sonho?"

Para a maioria dos americanos, o velho sistema de investimento para o futuro simplesmente já não funciona. Considere isto: de acordo com o Conselho Americano de Educação em Poupança, cerca de metade dos trabalhadores do país tem menos de $25.000 em economias — e cerca de sessenta milhões (um em cada cinco) não têm nada no banco. Isso mesmo: zero, nada, nadinha. Ao mesmo tempo, as últimas estatísticas informam que o americano médio deve atualmente mais de $8.400 no cartão de crédito.

Mesmo a supostamente endinheirada geração de jovens executivos está em má situação financeira. Deles, setenta milhões estarão em idade de aposentadoria nos próximos quinze anos; mas, segundo um estudo da Associação Americana de Aposentados, o "típico executivo bem-sucedido" possui menos de $1.000 em bens financeiros. Podemos chamá-los de vencedores, mas eles estão indo à falência.

## COMO ANDAM AS SUAS FINANÇAS?

Você continua vivendo entre um contracheque e outro? Ou a coisa é ainda pior? Você continua vivendo entre um contracheque e outro, e se endividando no cartão de crédito a tal ponto que mal consegue pagar o mínimo mensal? Sabe acaso que, se deve $2.000 no cartão e só paga o mínimo mensal, levará mais de dezoito anos para liquidar a dívida, que nessa altura chegará a $4.600?

Com esses fatos e números, não queremos deprimi-lo. Queremos assegurar-lhe que, se ainda não é tão rico quanto quer ou precisa ser, você não está sozinho.

Eu tenho uma abordagem sensata para aprender a lidar com dinheiro. Sei também que, tornando o assunto dinheiro divertido e simples, venho ajudando milhões de pessoas a entrar em ação para transformar as suas vidas financeiras. Pois nesse espírito de sensatez, permita-me explicar o que me levou a escrever o presente livro. Foi, na verdade, muito simples.

## ACHO QUE VOCÊ MERECE VIVER O SONHO DE UMA VIDA COM ABUNDÂNCIA

**só precisa aprender o segredo de como fazê-lo!**

Decidi escrever este livro porque, depois de todos os outros que publiquei, de apresentações em rádio e televisão, e de centenas de palestras e seminários, as pessoas ainda me perguntavam todo santo dia: "David, qual é o segredo para enriquecer? Será ainda possível, para mim, ficar rico? Terei perdido o bonde?"

Até meus amigos me perguntam isso. Dizem coisas como: "David, não quero contratar um consultor, ler um livro comprido ou fazer um curso. Apenas me informe o que devo fazer. Qual é o segredo?"

Sabe que mais? *Há* um segredo para ficar rico. E muito simples. De fato, tão simples que quase ninguém o põe em prática.

E não é só simples: é também mais ou menos óbvio — tão óbvio que, com muita probabilidade, você já o conhece em parte. Entretanto, não quer isso dizer que você não aprenderá nada aqui. Afinal, se você não for rico — e o fato de ainda estar lendo estas páginas significa que provavelmente não é —, não importa muito que talvez tenha ouvido falar de algumas das técnicas que vou comunicar-lhe.

Por quê?

*Porque, com toda a certeza, você não as está usando.* E, com certeza igual, os seus amigos também não. Na verdade, muitas pessoas não se valem desses segredos porque ninguém lhes ensinou na escola como deveriam fazê-lo.

## O QUE VOCÊ DEVERIA TER APRENDIDO NA ESCOLA... MAS NÃO APRENDEU

A finalidade deste livro não é apenas partilhar os segredos com você. É, também, induzi-lo a pô-los em prática.

Agora, sejamos claros com respeito a certas coisas. Não estou prometendo "transformar a sua situação financeira da noite para o dia". Não se trata aqui de "coloque anúncios grátis em nosso jornal" ou "adquira o nosso *software* e as nossas apostilas e ficará instantaneamente rico".

E, embora eu não tenha exagerado no título do livro, não estou falando em ajudá-lo a tornar-se um milionário em poucas semanas, poucos meses ou mesmo poucos anos. O que você aprenderá é como tornar-se um milionário — lenta e seguramente — no curso da sua vida profissional. É o jeito de enriquecer da tartaruga, não da lebre. Talvez isso não soe tão excitante quanto transformar-se em milionário em duas semanas ou meses, mas — eu lhe prometo — é bem mais realista. Como já disse, trata-se de uma abordagem testada e aprovada, baseada no bom senso, para tornar-se financeiramente independente — e concretizar o Sonho Americano.

Pense em quantas pessoas, hoje em dia, se aposentam sem dívidas e obrigações, com poupança suficiente para viver o tipo de vida com que sempre sonharam, e jovens o bastante para usufruí-la. Você não gostaria de ser uma delas? Não acha que merece viver o Sonho Americano? Pois é o que este livro pode fazer por você.

## COMO ESTE LIVRO FUNCIONA

Em primeiro lugar, você conhecerá o Milionário Automático original. Durante anos como consultor financeiro, escritor e conferencista, encontrei realmente centenas de Milionários Automáticos. O que mais impressiona é que eles estão à sua volta e você nunca notou. Jim e Sue McIntyre, cuja história você ouvirá no Capítulo 1, foram os primeiros que conheci — e o que aprendi deles mudou a minha vida.

Por isso, leia a história deles e absorva-a. Ela contém uma vigorosa mensagem que poderá mudar, agora mesmo, o seu modo de pensar sobre o dinheiro. E, depois que você mudar o modo de pensar, mudará com maior facilidade o modo de agir. Isso posto, os sete capítulos seguintes lhe ensinarão exatamente o que deverá fazer para seguir-lhes as pegadas e tornar-se também um Milionário Automático.

## SIMPLIFIQUE O MUNDO COMPLICADO DO DINHEIRO

Há milhares e milhares de livros sobre o dinheiro. Todos prometem ensinar-lhe como enriquecer. Você deve possuir alguns, que comprou com boas intenções, mas nunca leu ou, pior ainda, tentou ler mas achou confusos e enfadonhos.

Este, porém, não irá confundi-lo nem lhe dará sono. É simples e direto; em poucas horas, vai ensinar-lhe tudo o que você precisa saber para tornar-se um Milionário Automático.

**A filosofia por trás do Milionário Automático:**

- Você não precisa ganhar muito dinheiro para ser rico.
- Você não precisa de disciplina.
- Você não precisa "ser o seu próprio patrão". (Sim, poderá enriquecer mesmo sendo empregado.)
- Usando o que chamo de Fator Café, poderá acumular uma fortuna economizando um pouco por dia.
- O rico é rico (e continua rico) porque se paga em primeiro lugar.
- Locadores enriquecem; locatários empobrecem.
- *Acima de tudo, você precisa de um "sistema automático" para não falhar.*

## VOCÊ APRENDERÁ COMO AUTOMATIZAR O SEU PLANO

Tudo se resume no seguinte:

**Se o seu plano financeiro não for automático, você falhará!** Um plano de investimento que exija disciplina, obediência a um orçamento e preenchimento manual de cheques a cada duas semanas simplesmente não funciona. A sua vida é agitada. Você não tem tempo para sentar-se todas as semanas e decidir quanto vai economizar e para quem vai mandar cheques. Já não tentou elaborar um orçamento e economizar? Não deu certo, é claro. Mas é o que a maioria das pessoas tenta fazer. Verdadeira receita para a frustração e o fracasso.

No entanto, há uma solução simples.

**A única maneira de promover uma mudança financeira duradoura, que o ajudará a acumular uma fortuna real com o tempo, consiste em...**

## AUTOMATIZAR O SEU PLANO FINANCEIRO!

Automatizar o seu plano financeiro é o passo que, praticamente, garantirá que você não irá fracassar. Por quê? Porque, tornando-o automático, você se preparará para o sucesso. E, como aprenderá neste livro, conseguirá isso em questão de minutos.

Daí o subtítulo *O Plano Perfeito para Viver Bem e Ficar Rico*. O passo consiste em AUTOMATIZAR todos os aspectos de suas finanças!

Que entendo eu por plano automático? Um plano que, uma vez estabelecido, permite-lhe viver a vida sem pensar muito em dinheiro ou, pior ainda, inquietar-se com ele. Você sabe por que isso é importante? Simplesmente porque o que você tem perdido na vida... *é a própria vida*! Automatize o seu plano financeiro e o melhor que colherá disso será a despreocupação — ou seja, recuperará boa parte da vida que perdeu.

Se a idéia de tornar-se um Milionário Automático segundo um plano simples e totalmente automatizado lhe diz alguma coisa, então você veio ao lugar certo. Não se aborreça se ela lhe parecer simples demais por enquanto. Como verá nas próximas horas, este é um livro incrivelmente fácil de ler porque a sua abordagem é incrivelmente simples. Mais: cada capítulo termina com um esboço que chamo de **Passos de Ação do Milionário Automático**, o qual esclarece perfeitamente o que você deverá fazer hoje para iniciar a caminhada rumo ao acúmulo de uma riqueza real... automaticamente.

Isso pode de fato ser feito. Como você verá, se Jim e Sue McIntyre puderam tornar-se milionários, todos o poderão. Portanto, comecemos. Em umas poucas horas, estou certo de que você se sentirá agradavelmente surpreendido pela mudança operada em seus pensamentos — e pronto para entrar em ação.

CAPÍTULO 1

# CONHEÇA O MILIONÁRIO AUTOMÁTICO

Nunca me esquecerei do primeiro Milionário Automático que conheci. Estava no meio da casa dos vinte anos e dava um curso sobre investimento num programa local de educação para adultos. Jim McIntyre, executivo de meia-idade, de nível médio, numa empresa de serviços da cidade, era um de meus alunos. Ainda não havíamos conversado muito até que um dia, depois da aula, ele me procurou para marcar uma entrevista, pois queria rever a sua situação financeira e a da esposa.

O pedido surpreendeu-me. Embora tivesse certeza (e ainda tenho) de que qualquer um pode se beneficiar dos conselhos de um planejador financeiro qualificado, Jim não me pareceu o tipo de pessoa interessada no assunto.

Respondi-lhe que muito me agradaria marcar um encontro, mas que se ele desejava a minha ajuda, deveria trazer também a esposa, pois aquela turma era constituída apenas por casais que administravam conjuntamente as suas finanças.

Jim sorriu. "Não há problema", disse. "Sue é a razão de eu estar aqui. Ela participou do seu seminário e sugeriu que me matriculasse neste curso. Gostei do que o senhor disse e nós dois achamos que já é tempo de fazer algum planejamento financeiro. Devo informar que pretendo aposentar-me no próximo mês."

Fiquei mais surpreso ainda. Não disse nada, mas, observando Jim, duvidei de que estivesse em condições de aposentar-se. Pelos poucos comentários que ele fizera em classe, eu sabia que estava no início da casa dos cinqüenta anos, trabalhava na mesma companhia há trinta, nunca tendo ganhado mais que $40.000 anuais, e não acreditava em orçamentos. Também sabia que Jim se considerava "ultraconservador" e concluí que não poderia ter feito fortuna no mercado de ações.

A minha avó Rose Bach ensinara-me a nunca julgar um livro pela capa. Mas havia ali algo de estranho. Talvez Jim houvesse herdado uma montanha de dinheiro. Para o bem dele, era o que eu esperava.

## "NÃO ESTOU ENTENDENDO NADA"

Quando os McIntyres entraram em meu escritório, alguns dias depois, pareciam exatamente o que eram: americanos médios, trabalhadores. O que me espantou em Jim foi ele estar vestindo uma camisa de mangas curtas com um protetor plástico no bolso da frente. A esposa, Sue, tinha um pouco mais de gosto, com tons de louro nos cabelos. Era cabeleireira, alguns anos mais nova que o marido.

A verdade era que não agiam como pessoas de meia-idade. Estavam de mãos dadas como colegiais no primeiro encontro, cheios de entusiasmo. Antes que eu perguntasse como poderia ajudá-los, Jim começou a falar de seus planos e do que faria com o tempo livre. Sue exclamou então: "Não é ótimo que ele vá se aposentar tão novo? Muita gente só se aposenta aos sessenta e cinco anos, e olhe lá! Mas Jim vai conseguir aos cinqüenta e dois!"

## "NÃO VAMOS DAR O PASSO MAIOR QUE A PERNA"

Após dez minutos, tive de interrompê-los: "Amigos, o entusiasmo de vocês é contagioso, mas não vamos dar o passo maior que a perna. Conheci literalmente centenas de aposentados em potencial nos últimos anos e devo dizer a vocês que quase nenhum conseguiu parar no início da casa dos cinqüenta anos". Olhei Jim bem nos olhos: "Em geral, as pessoas vêm ao meu escritório para saber *se* podem aposentar-se. Mas vocês já parecem estar certos de que podem. O que lhes dá tanta certeza assim?"

Jim e Sue trocaram um olhar. Depois, ele se voltou para mim: "O senhor acha que não somos ricos o suficiente para isso, não é?" O tom de Jim não era exatamente o de uma pergunta.

"Bem, eu não diria isso", repliquei. "Mas, em verdade, é preciso muito dinheiro para financiar uma aposentadoria precoce e a maioria das pessoas da sua idade não conseguiu ainda economizar o mínimo. Pelo que sei de vocês, sinto-me realmente curioso quanto à possibilidade de terem o bastante." Continuei olhando-o nos olhos; ele sustentou tranqüilamente o meu olhar.

"Jim", prossegui, "você só tem cinqüenta e dois anos. Considerando que apenas uma em dez pessoas pode permitir-se parar com a idade de sessenta e cinco, mantendo o mesmo padrão de vida do tempo em que trabalhava, terá de admitir que aposentar-se agora, com o que ganha, será um grande feito."

Jim concordou: "Grande, sem dúvida", e passou-me um maço de papéis. Continham a renda do casal e declarações financeiras que listavam exatamente o que possuíam e deviam.

Examinei primeiro a renda. No ano anterior, Jim e Sue haviam ganhado um total de $53.946. Nada mau. Não uma fortuna, é claro, mas uma renda decente.

E quanto deviam?

Passei os olhos pelas declarações financeiras e não encontrei ali nenhuma dívida de vulto. "Hum", murmurei, arqueando a sobrancelha. "Vocês não têm dívidas?"

## "OS MCINTYRES NÃO FAZEM DÍVIDAS"

Eles trocaram outro sorriso e Sue apertou a mão de Jim. "Os McIntyres não fazem dívidas", disse ela em tom brincalhão.

"E os seus filhos?", perguntei.

"Os nossos filhos?", replicou Jim. "Cursaram ambos a faculdade e já vivem por conta própria. Deus os abençoe!"

"Então está tudo bem", continuei. "Vejamos agora o que vocês possuem." Voltei aos papéis. Havia duas casas listadas: aquela em que viviam (valor: $450.000) e a que alugavam (valor: $325.000).

"Uau!", exclamei, "duas casas e nenhuma hipoteca?"

"Nenhuma", garantiu Jim. "Nada de hipotecas."

Vinham agora as contas-aposentadoria. A de Jim chegava a $610.000. E não era só isso. Sue tinha duas contas próprias totalizando $72.000. Além do mais, tinham $160.000 em títulos municipais* e $62.500 na poupança.

Um patrimônio substancial. Com mais alguns bens pessoais (inclusive um barco e três carros — todos pagos), possuíam quase $2 milhões!

Por quaisquer padrões, os McIntyres seriam considerados ricos. E não era apenas o caso de terem muitos bens já pagos (embora isso, em si mes-

---

* Títulos municipais no Brasil não têm o mesmo grau de risco associado àqueles normalmente emitidos nos EUA. Estão contingenciados em função da Lei de Responsabilidade Fiscal de 2000. E a liqüidez deles é baixa. (N.R.)

mo, impressionasse bastante): contavam também com um fluxo constante de renda sob a forma de lucros e dividendos de investimentos, além de $26.000 por ano em aluguéis de sua segunda casa. Afora isso tudo, Jim iria receber uma pequena pensão e Sue planejava trabalhar como cabeleireira até os sessenta anos (embora não precisasse disso). De repente, o projeto de aposentadoria de Jim aos cinqüenta e dois anos deixou de parecer maluco. Na verdade, era perfeitamente realista. Mais que realista — excitante!

## "NÓS HERDAMOS CONHECIMENTO"

Normalmente, não me espanto com a riqueza dos outros. Mas, nos McIntyres, havia algo que me impressionava. Eles não pareciam ricos. Nem muito especiais. Ao contrário, pareciam absolutamente comuns: um casal médio, trabalhador, agradável. Como haviam conseguido amealhar aquela fortuna toda sendo relativamente tão jovens?

Para dizer o mínimo, eu estava confuso. Mas também fascinado. Estava em plena casa dos vinte anos, na época, e apesar de ganhar um bom dinheiro ainda vivia entre um contracheque e outro. Em certos meses conseguia economizar alguma coisa, mas quase sempre gastava demais no mês seguinte e não guardava um centavo. Em certas ocasiões, parecia que em vez de ir para a frente estava caminhando para trás, trabalhando cada vez mais duro para cobrir as despesas.

Sim, aquilo era embaraçoso e frustrante. Lá estava eu, um consultor financeiro ensinando os outros a investir e metido, eu próprio, em apuros. Pior ainda, lá estavam os McIntyres, que provavelmente em seu melhor ano nunca haviam posto a mão em metade do que eu ganhava, na qualidade de milionários... enquanto eu me atolava em dívidas.

Sem dúvida, eles sabiam algo a respeito de lidar com o dinheiro que eu precisava aprender. E estava decidido a descobrir o que era. Como podia aquela gente simples ter acumulado tanta riqueza? Ávido por conhecer o segredo deles, mas ignorando por onde começar, finalmente perguntei: "Vocês herdaram parte disso?"

Jim riu com gosto. "Se herdamos?", repetiu, balançando a cabeça. "Só o que herdamos foi conhecimento. Os nossos pais nos ensinaram algumas regrinhas de bom senso sobre o trato com o dinheiro. Apenas fizemos o que eles nos disseram e a coisa sem dúvida funcionou. O mesmo se aplica a muita gente que conhecemos. De fato, na nossa vizinhança, cerca de metade de nossos amigos vai aposentar-se este ano; e muitos estão em situação melhor que nós."

Nesse ponto, eles me pegaram. Os McIntyres tinham vindo consultar-me para pedir ajuda e agora eu é que queria consultá-los.

## PARECER RICO VERSUS SER RICO

"Como sabem", disse eu, "todas as semanas conheço pessoas que seguem o meu curso como vocês, mas são muito diferentes. Ou seja, parecem ricas, mas quando se descobre o que realmente possuem, nota-se que não apenas *não* são ricas como estão falidas. Ainda esta manhã, encontrei um homem que dirige um Porsche novinho em folha e usa um Rolex de ouro. Parecia cheio de dinheiro, mas quando examinei as suas contas, vi que estava quebrado. É um senhor de meia-idade, que mora numa casa de um milhão de dólares e tem uma hipoteca de $800.000, menos de $100.000 em poupança e mais de $75.000 de dívidas no cartão de crédito. O Porsche é alugado e ele ainda paga pensão a duas ex-esposas!"

Nesse ponto, nenhum de nós se conteve. Todos rimos. "Sei que isso não é nada engraçado", observei, "mas o sujeito lá estava, ostentando riqueza e sucesso, e na verdade falido financeira e emocionalmente. Administra o seu dinheiro como dirige o Porsche: sempre ultrapassando o sinal vermelho. Depois, aparecem vocês; uma dirigindo um Ford Taurus, o outro com um relógio Timex de dez anos..."

"Nada disso", interrompeu Jim com um sorriso, "é um Timex de dezoito anos."

"Exatamente!", exclamei. "Um Timex de dezoito anos. E vocês são *ricos*, felizes, continuam casados, têm dois filhos que cursaram a faculdade e vão se aposentar com cinqüenta e poucos anos. Pois então digam-me, por favor: qual é o seu segredo? Devem ter um, não?"

Sue olhou-me bem nos olhos. "Quer mesmo saber?", perguntou.

Assenti num gesto mudo. Sue olhou para Jim. "Acha que podemos gastar mais quinze minutos para explicar-lhe?"

"Sem dúvida", garantiu ele. "Que são quinze minutos?" Voltou-se para mim. "Você sabe qual é o segredo, David, pois o ensina todos os dias. Nós apenas o pomos em prática."

## JIM E SUE CONTAM A SUA HISTÓRIA

Sue respirou fundo e começou a contar. "Bem, em primeiro lugar, nós nos casamos muito jovens. Jim tinha vinte e um anos quando começamos a namorar; eu tinha dezenove. Casamo-nos três anos depois. Finda a lua-de-mel, os nossos pais nos fizeram sentar e disseram-nos que precisávamos levar a vida a sério. Explicaram que tínhamos uma chance. Poderíamos trabalhar a vida toda por dinheiro e sobreviver de mês a mês, de contracheque a contracheque, como a maioria das pessoas; ou poderíamos fazer com que o dinheiro trabalhasse por nós e realmente gozar a vida. O truque, asseguraram-nos, era simples: toda vez que ganhássemos um dólar, deveríamos nos pagar primeiro."

## "RESOLVEMOS NOS PAGAR PRIMEIRO"

Jim concordou com um aceno de cabeça. "Você sabe", disse, "que a maioria das pessoas, quando recebe o pagamento, pensa imediatamente em liquidar todas as suas contas — se alguma coisa sobrar, economizam-na. Em outras palavras, pagam os outros primeiro e a si mesmas por último. Os nossos pais nos ensinaram que, se quiséssemos realmente vencer o jogo, deveríamos modificar isso: pôr de lado alguns dólares para nós mesmos e só DEPOIS pagar as outras contas."

Voltou a sentar-se e deu de ombros, como se dissesse: "Nada de mais".

Sue sorriu e balançou a cabeça: "Jim faz com que tudo pareça muito simples. Mas a verdade é que tivemos de aprender como economizar o nosso dinheiro. No começo, tentamos nos ater a um orçamento, mas de algum modo os números nunca se ajustavam e começamos a brigar com freqüência. Um dia, após uma discussão, liguei para a mamãe, bastante preocupada; ela me disse que orçamentos não funcionam, que com papai havia tentado esse método e tudo o que conseguiam eram brigas sem fim. Resolveram então pôr de lado o orçamento e depositar 10% de seus salários numa conta de poupança, antes mesmo de embolsar o dinheiro ou ter a chance de gastá-lo em alguma coisa. Você ficaria surpreso pela rapidez com que conseguimos passar sem os 10%", declarou Sue. "E enquanto isso, eles vão crescendo no banco." O segredo, segundo ela, é que não se pode gastar aquilo que não se vê.

"Então, foi isso que fizemos. No começo, reservávamos apenas 4% de nossa renda, mas aos poucos fomos aumentando a quantia. Hoje, economizamos 15%. Mas, em média, sempre economizamos 10%, como mamãe ensinou."

"E o que faziam com o dinheiro?", perguntei.

"Bem", respondeu Sue, "a primeira coisa para a qual começamos a economizar foi a aposentadoria."

"Na época, não havia o sistema de aposentadoria plena de hoje", observou Jim. "Mas muitas companhias, inclusive a minha, tinham planos de pensão que permitiam aos funcionários contribuir com dinheiro extra, se o quisessem. A maior parte de meus amigos não se preocupou com isso. Mas nós, sim."

Sue retomou a história. "Depois disso, a nossa prioridade foi guardar para adquirir uma casa. Os nossos pais disseram que para eles esse fora o melhor investimento — que nada propicia tanta segurança e liberdade quanto uma casa própria. Mas o segredo, explicaram eles, era ter uma casa inteiramente paga. Ou seja, é preciso liquidar a hipoteca o mais rápido possível. Enquanto os nossos amigos se preocupassem em decorar os seus apartamentos e almoçassem fora todos os dias, nós deveríamos vigiar os nossos gastos e economizar o máximo possível. Insistiam no fato de muita gente gastar montes de dinheiro com ninharias."

Sue olhou para Jim. "Lembra-se disso, querido?", perguntou.

"Se me lembro!", respondeu ele; e, voltando-se para mim: "Veja, a chave para progredir financeiramente não é viver com pouco e entediar-se. É prestar atenção às pequenas coisas — o hábito dos gastos miúdos, sem os quais podemos passar muito bem. No nosso caso, percebemos que uma das principais 'miudezas' eram os cigarros. Ambos fumávamos cerca de um maço por dia e os nossos pais odiavam isso. Na época, os riscos do tabagismo para a saúde começavam a ser divulgados e eles diziam que, se deixássemos de gastar com cigarros, provavelmente em dois anos poderíamos comprar uma casa. E, enquanto isso, estaríamos economizando também a nossa saúde."

## "LEVAMOS EM CONTA O FATOR CAFÉ"

Jim inclinou-se para a frente na cadeira. "Sabe o conceito que você divulga em seus seminários, o Fator Café, conclamando as pessoas a parar de gastar dinheiro com um café da manhã caro todos os dias e, ao invés disso, investi-lo?"

Fiz que sim.

"Bem, meu pai não o chamava assim, mas era a mesma coisa. Poderia tê-lo chamado de Fator Cigarro ou Fator 'Não-seja-bobo-com-o-seu-dinheiro'. A idéia era idêntica. Se economizássemos alguns dólares por dia, poderíamos finalmente comprar a nossa casa. Dizia ele que, como inquilinos, seríamos sempre pobres ao mesmo tempo que enriqueceríamos alguém. Se comprássemos a casa, ficaríamos ricos."

"Foi assim?", perguntei. "Economizaram cortando o cigarro e compraram uma casa?" Fitei-os. Eles sorriram e confirmaram. "Mas como conseguiram adquirir duas casas livres de hipoteca?"

"Na verdade, não temos duas casas", explicou Sue. "Temos uma casa e uma propriedade de aluguel. Essa é a outra parte do segredo."

Jim retomou a história. "Os nossos pais nos ensinaram um truque que torna fácil liquidar cedo a hipoteca. Um truque que, nas palavras deles, irritaria os bancos, mas do qual gostaríamos muito, e tinham razão. Hoje, é mais fácil que nunca. Só o que se tem a fazer é pegar o dinheiro da hipoteca e, em vez de pagar a parcela integral uma vez por mês, pagar metade a cada duas semanas*. Faça isso sistematicamente e no fim do ano você, sem perceber, terá feito um pagamento inteiro extra. Desse modo, em vez de levar trinta anos para liquidar a hipoteca, levará apenas vinte e três. Calculamos que, seguindo esse plano, compraríamos uma casa ainda com vinte e poucos anos de idade, passando a possuí-la ao final da casa dos quarenta. Mas o que aconteceu foi ainda melhor. Acabamos por fazer mais pagamentos extras, em base consistente. Assim, com menos de quarenta anos de idade, a casa estava inteiramente paga."

"E depois?", perguntei.

"Como já não tivéssemos mais pagamentos de hipoteca a fazer, guardávamos todo esse dinheiro extra, mensalmente." Jim sorriu. "Poderíamos gastá-lo ou comprar uma casa melhor, alugando a primeira. Foi o que fizemos, empregando o mesmo truque para liquidar mais rápido a hipoteca. Pronto: hoje temos duas casas livres de ônus, uma para morar, a outra para alugar e obter uma boa renda extra."

"Ótimo plano", ponderei.

Jim concordou enfaticamente. "Outra coisa que os pais de Sue nos ensinaram foi nunca comprar a crédito", prosseguiu. "Eles tinham uma política rígida, que nos transmitiram e nós passamos aos nossos próprios filhos: não importa o montante, ou você paga à vista as suas compras ou não compra nada. A única exceção é a casa, cuja hipoteca, como Sue disse, deve ser liquidada o mais depressa possível. Isso nem sempre é fácil, mas é a regra."

"Sim", confirmou Sue, "Jim precisou economizar cinco anos para comprar o barco."

"E mesmo assim comprei um de segunda-mão", acrescentou ele. "Mas foi bom. Senti-me feliz por deixar alguém cometer o erro de comprar um barco novo pelo preço integral... e depois passá-lo a mim por uma fração do que pagou. Acontece o mesmo com os nossos carros. Sempre os compramos usados e nunca nos arrependemos. Basta mandar fazer uma revisão prévia por um mecânico de confiança e cuidar bem deles: funcionarão muito bem."

"Portanto", rematou Sue, "se não tínhamos dinheiro para comprar alguma coisa, não comprávamos. Por toda a duração de nosso casamento, nunca ficamos com dívidas no cartão de crédito. Quando o usávamos, pagávamos o total no mesmo mês. Esse foi outro segredinho que os nossos pais nos ensinaram, dizendo que nós o apreciaríamos e os bancos o odiariam."

---

* O pagamento quinzenal não se aplica ao sistema de financiamento imobiliário brasileiro, mas a idéia de buscar antecipar o pagamento é válida. (N.R.)

## O SEGREDO MAIS IMPORTANTE

Voltei a sentar-me, impressionado pelo modo como os McIntyres faziam a coisa toda parecer simples. Ali devia haver algo mais. Refleti sobre isso um momento e logo percebi do que se tratava. "Tudo o que vocês disseram faz sentido", disse eu. "Cortar gastos inúteis, acelerar o pagamento da hipoteca, pagar-se em primeiro lugar, só comprar à vista, evitar dívidas no cartão de crédito — estão absolutamente certos. São coisas que eu mesmo ensino em meus seminários. Mas fazer tudo o que vocês fizeram deve ter exigido uma tremenda força de vontade. Sinceramente, tiro o chapéu para vocês. Gostaria de ver em todos a autodisciplina que vocês sem dúvida possuem. Infelizmente, a maioria não possui. Acho que é por isso que não enriquecem como vocês enriqueceram."

Outra vez, eles trocaram um olhar. Ambos sorriram e Jim pediu que Sue explicasse.

## VOCÊ NÃO VAI PRECISAR DE FORÇA DE VONTADE NEM DE DISCIPLINA

"Mas aí é que está o segredo", começou ela. "Nós *não* temos uma tremenda força de vontade. Se seguir as dicas de nossos pais fosse uma questão de autodisciplina, creio que não nos sairíamos tão bem."

"Não teríamos feito nada", interrompeu Jim. "Quero dizer, Sue ainda se controla um pouco, mas eu... nem pensar!"

Agora eu estava realmente confuso. "Não compreendo", disse. "Se não têm uma autodisciplina especial, como venceram? Afinal, vivemos numa sociedade em que a propaganda, a indústria do lazer e até o governo estão constantemente nos bombardeando com tentações para fazer exatamente o contrário do que os seus pais lhes ensinaram. Como, então, resistiram? Como conseguiram aferrar-se às regras diante de tantas seduções?"

A minha pergunta ia muito além da simples curiosidade profissional. Como disse, estava no meio da casa dos vinte anos, na época, e achava incrivelmente difícil economizar como deveria. O desejo intenso de saber tudo deve ter-se estampado em meu rosto, porque de repente tanto Jim quanto Sue se puseram a rir. Não tardei a acompanhá-los.

"Veja, David", disse Jim finalmente, "temos uma filha só um pouquinho mais nova do que você. Assim, acredite ou não, sabemos como é difícil ser disciplinado em assuntos de economia, quando se tem essa idade. Mas aí é que está a beleza de nosso método. Ele não exige disciplina."

Lancei-lhe um olhar desconfiado.

"O seu ceticismo não me surpreende", continuou Jim. "Tudo é tão simples e óbvio que mesmo uma pessoa versada em dinheiro como você encontra dificuldades em aceitá-lo. Mas vamos lá. Digamos que você precise fazer alguma coisa, mas receie ser tentado a fazer outra. Como garantir que fará a coisa certa?"

Jim encarou-me. Dei de ombros.

"Como eu disse", prosseguiu ele, "tudo é muito simples e óbvio. Você dispõe as coisas de modo que elas aconteçam automaticamente."

"Lembra-se do que eu lhe disse sobre como começamos a nos pagar primeiro?", interrompeu Sue. "O que fizemos foi retirar automaticamente do contracheque uma parte do pagamento e depositá-la numa conta de poupança. Tudo era automático, eis a chave do plano. Estabelecido isso, não precisávamos fazer mais nada. Não estava mais em nossas mãos — literalmente."

"Entendo", disse eu. "É a mesma coisa que a poupança programada ou os planos de investimento sobre os quais falei em classe. A diferença é que vocês aplicaram o sistema a todos os aspectos de suas finanças."

"Exatamente!", exclamou Jim. "Se você não precisa pensar no assunto, não há a mínima chance de não fazê-lo — ou, pior ainda, de mudar de idéia e deliberadamente *não* fazê-lo. Quando a decisão nos escapa, não há como ser tentado a fazer a coisa errada."

## "RESOLVEMOS NOS TORNAR MILIONÁRIOS AUTOMÁTICOS"

Era de novo a vez de Sue. "Os nossos pais chamavam a isso 'proteja-se de você mesmo'", disse ela. "Não tivemos de nos preocupar com a posse de poderes especiais porque, na verdade, não precisaríamos fazer nada, exceto decidir desde o começo que queríamos ser ricos. Graças ao grande trunfo chamado 'dedução em folha', automatizamos tudo. Criamos um sistema de enriquecimento automático literalmente infalível.

"Conseguimos que a firma de Jim separasse algum dinheiro de seu contracheque e o depositasse num fundo de investimento orientado à aposentadoria. Fizemos o mesmo com os pagamentos da hipoteca. Tão logo os bancos começaram a oferecer serviços de débito automático, passamos a usá-los para os pagamentos mensais da hipoteca — mais um pequeno extra — debitados automaticamente de nossa conta corrente, sem precisar fazer ou falar coisa alguma. Adotamos também um esquema de dedução sistemática para investir automaticamente parte de nossas rendas em fundos mútuos. Enfim, automatizamos até o nosso dízimo. Costumávamos doar um pouco de dinheiro, todos os anos, a obras de caridade, mas com o tempo percebemos que seria mais simples automatizar também esse processo."

"Entenda", disse Jim, "que não estamos falando em quantias enormes de dinheiro. No começo, eu deduzia menos de cinqüenta dólares do contracheque. Com o passar do tempo, essa quantia foi aumentando."

Examinei de novo a documentação financeira dos McIntyres, com o seu saldo de sete dígitos. "Vocês não estão brincando", murmurei. "É realmente notável."

Sue McIntyre balançou a cabeça. "Nisso você está errado", disse ela calmamente. "Não é nada notável. Se pudemos fazê-lo, qualquer um fará. Decidindo ser ricos ainda jovens e depois criando um sistema automático para acumular fortuna, tornamos o projeto imune ao fracasso. É como o *slogan* da Nike, com uma ligeira modificação. Eles dizem 'Apenas faça-o'; nós dizemos 'Apenas faça-o... uma vez'. Em se tratando de dinheiro, basta automatizar o sistema e pronto."

Jim concordou. "Como você sabe, quando começamos, a tecnologia de fazer coisas automaticamente era nova e a maioria de nossos amigos não confiava nela. Hoje, não é mais novidade. Quer dizer, com todos os programas que existem por aí, pode-se automatizar tudo, na esfera financeira, em questão de minutos. A nossa filha Lucy faz as suas transações em menos de meia hora. Ela está a caminho de tornar-se uma milionária automática, como nós."

"E não pense", riu Sue, "que é preciso ser um casal de velhos caturras como nós para fazer a coisa funcionar. Não é para me gabar, mas a nossa Lucy é uma mocinha muito elegante. Nada de Timex no pulso *dela*."

"Sem dúvida", disse Jim, rindo também. "Ela tem um Swatch. Muito na moda, e coisa e tal, mas não ridiculamente caro."

"Aí é que está", disse Sue. "Você pode economizar e ainda assim divertir-se, ser elegante. Não é necessário fechar a mão para enriquecer. Nós, certamente, não agimos assim. Temos nos divertido muito nos últimos trinta anos, tanto quanto os nossos amigos, se não mais, porque nunca precisamos nos preocupar com dinheiro."

Os McIntyres deixaram o meu escritório tal qual entraram, de mãos dadas, olhando juntos o futuro com o entusiasmo de recém-casados. Fiquei sentado por muito tempo, pensando no que me haviam contado — especialmente em suas últimas palavras.

O segredo, disseram, era "preparar-se para o sucesso". Por que dificultar o processo de enriquecer, ao invés de facilitá-lo? Estavam certos, concluí. Sabendo o que fazer, e fazendo-o "automaticamente", todos podem tornar-se Milionários Automáticos.

Aquela sessão com os McIntyres foi um momento decisivo em minha vida. Ensinou-me qual era o passo crucial para operar uma mudança positiva e duradoura no modo de lidar com o dinheiro.

### AUTOMATIZE!

Em conseqüência do que aprendi naquele dia com os McIntyres, automatizei tudo o que dizia respeito a finanças. E sabem de uma coisa? Funcionou. Hoje, também eu sou um Milionário Automático.

## AGORA É COM VOCÊ

A história dos McIntyres e o modo como enriqueceram sem disciplina, juntando dinheiro aos poucos, tenazmente, pode transformar-se em sua história. A fim de descobrir como, vire a página e continue lendo. Em poucas horas descobrirá uma nova maneira de pensar e de controlar o dinheiro ganho com o suor de seu rosto.

Você está prestes a tornar-se um Milionário Automático.

CAPÍTULO 2

# O FATOR CAFÉ:

## *Torne-se um Milionário Automático Economizando um Pouco por Dia*

"*O problema não é quanto ganhamos, mas quanto gastamos!*"

Assim sendo, por onde devemos começar?

Provavelmente, não por onde você está pensando.

Muitas pessoas acreditam que o segredo de enriquecer consiste unicamente em descobrir novas fontes de renda o mais rápido possível. "Se eu ganhasse mais", suspiram, "seria rico." Quantas vezes você já não ouviu alguém dizer isso? E quantas você próprio não o disse? Bem, simplesmente não é verdade. Pergunte a uma pessoa que teve aumento no ano passado se a sua poupança melhorou. Em quase todos os casos, a resposta será não. Por quê? Porque, o mais das vezes, **quanto mais ganhamos, mais gastamos**.

Muitas são as lições a aprender dos McIntyres, mas, se tivéssemos de escolher uma, seria esta: *quanto você ganha não tem praticamente nada a ver com o fato de que possa ou venha a ser rico.* Lembre-se do que Jim McIntyre me contou: ele nunca disse quanto ganhava no emprego ou com os seus investimentos. A chave para progredir financeiramente, explicou Jim, consiste em atentar para as pequenas coisas: hábitos de consumo miúdo sem os quais você provavelmente estaria melhor.

Muita gente acha difícil acreditar nisso. Por quê? Porque lhes ensinaram o contrário. Vivemos numa sociedade em que se tornou quase patriótico gastar até o último centavo. Na verdade, freqüentemente gastamos o nosso aumento antes mesmo de recebê-lo. Os publicitários sabem disso; lançam em novembro e dezembro campanhas especialmente elaboradas para arrancar-nos o décimo terceiro salário. Até o governo promove essa idéia. O modo de impulsionar a economia, dizem os políticos, é cortar impostos — ou seja, se você puser um pouquinho mais de dinheiro no bolso das pessoas, elas, muito naturalmente, correrão a gastá-lo.

Infelizmente, existe aí um problema. Se você estiver vivendo entre um contracheque e outro, gastando tudo o que ganha, o que faz na realidade é disputar uma corrida impossível de vencer.

Eis com o que essa corrida se parece:

TRABALHAR... GANHAR... GASTAR...
TRABALHAR... GANHAR... GASTAR...
TRABALHAR...

Note que sempre se volta a TRABALHAR. É nesse círculo vicioso que a maioria das pessoas está enredada. Algumas o chamam de "corrida maluca". É uma corrida em que trabalhadores se esfalfam labutando de quarenta a cinqüenta horas (ou mais) por semana — e ao fim nada têm para mostrar porque, antes de terminar o mês, o seu salário já se foi.

É um círculo vicioso e injusto, no qual você certamente não deseja se meter. E se já estiver lá, quererá sair... bem depressa. Se gasta tudo o que ganha (ou, pior ainda, *mais* do que ganha), sujeita-se a uma vida de stress, pânico, incerteza, dívidas, falência e ameaça de miséria futura.

## VOCÊ ESTÁ GANHANDO MAIS... E POUPANDO MENOS?

Ao longo dos anos, tenho visto pessoas que estimo aumentarem os seus ganhos, mas não, muitas vezes, a sua liberdade. Um de meus amigos trabalhou duro e viu a sua renda subir de $50.000 anuais para mais de $500.000. Todavia, embora o seu modo de vida tenha melhorado proporcionalmente ao ganho, o mesmo não aconteceu à sua poupança. Ele tem roupas e carros mais caros, come em restaurantes mais requintados, compra em lojas mais sofisticadas, faz viagens mais espetaculares — mas não é mais rico. Na realidade, está mais estressado hoje do que há dez anos porque precisa sustentar um estilo de vida caríssimo — clube de campo, babás, escolas particulares para os filhos, vultosas hipotecas — e não consegue imaginar-se sem isso tudo. Atingiu um nível com que a maioria das pessoas só pode sonhar, mas, de fato, está participando da corrida maluca tanto quanto uma pessoa que só ganha uma fração do salário dele.

E quanto a você? É provável que esteja ganhando mais do que há dez anos. Mas estará poupando mais? Estará indo em frente ou marcando passo? A sua renda o está ajudando a ser mais ou menos livre?

## POR QUE A MAIORIA DAS PESSOAS POUPA TÃO POUCO

Afora o dinheirinho porventura guardado em casa, a maioria das pessoas não tem praticamente nenhuma poupança. Em média, menos que o equivalente à despesa de três meses.

Por que tão pouco? A resposta é simples. Como os pais de Jim e Sue lhes disseram, muitos de nós gastamos boa parte do que ganhamos em "ninharias" — e ponho "ninharias" entre aspas porque a palavra é enganadora. As chamadas ninharias em que desperdiçamos dinheiro diariamente podem com rapidez atingir um volume capaz de modificar a nossa vida e custar-nos a liberdade.

## TENHO DE TRABALHAR MAIS

Não precisa ser assim. Muitas pessoas nem sequer pensam em seus gastos — e, quando o fazem, concentram-se nas grandes despesas, sem considerar as pequenas, que vão esvaziando o bolso aos poucos. Não pensam nas horas extras que trabalham para depois gastar levianamente o dinheiro com "ninharias". Pior ainda, não pensam na fortuna que poderiam acumular se, ao invés de "torrar" a renda, investissem parte dela.

Quando você entender o que chamo de Fator Café, mudará tudo isso. Como os McIntyres, prestará mais atenção aos gastos com "ninharias" — e saberá como redirecionar esses gastos para fazer fortuna. Não importa que você ache que ganha pouco. Independentemente do montante da renda, você conseguirá, fazendo uso do Fator Café, amealhar uma fortuna real e, de quebra, conquistar mais liberdade.

Em suma, com a ajuda do Fator Café, poderá começar a fazer o que os ricos fazem: **pôr o dinheiro a trabalhar para você ao invés de você trabalhar para ele**.

**"Um café poupado é uma fortuna ganha."**
— Revista *People*

Nos últimos anos, o Fator Café tornou-se uma metáfora internacionalmente empregada para mostrar como investimos o que poderia ser a nossa fortuna em coisas miúdas, sem sequer pensar muito nisso. A idéia apareceu em revistas e jornais, programas de televisão e rádio do mundo inteiro. Talvez você a tenha visto discutida num artigo de fundo da *People* ou lido a seu respeito em *USA Today*, *Business Week* ou *Family Circle*. Conversei a respeito da idéia com Barbara Walters em *The View* e apresentei-a no programa *Today* da NBC, na CNBC e na CNN.

Antes de entrarmos nos detalhes do Fator Café e do impulso que ele pode imprimir à sua vida, é importante você compreender uma coisa. A fim de tornar-se um Milionário Automático, tem de aceitar esta idéia: independentemente de quanto ganha, você sem dúvida já possui o suficiente para tornar-se rico. Nunca enfatizarei o bastante a importância dessa crença — não só para a sua mente, mas também para o seu coração. É um momento de descoberta que, de fato, pode mudar a sua vida financeira.

## O QUE É O FATOR CAFÉ?

O Fator Café baseia-se em algo que realmente me aconteceu há cerca de dez anos. Certa vez, nos derradeiros quinze minutos da última aula de um curso sobre investimento com duração de quatro semanas, que eu ministrava, uma jovem chamada Kim ergueu a mão e disse uma coisa que me desconcertou.

"David", anunciou ela, "as suas idéias são boas na teoria, mas não condizem com a realidade."

Não gostei nada de ouvir isso, é claro. "Como assim?", perguntei-lhe. "Que quer dizer?"

"É simples", replicou ela. "Você faz com que a idéia de economizar dinheiro pareça fácil, mas na verdade é impossível. Fala em guardar de cinco a dez dólares por dia como se isso não fosse grande coisa. Pois para mim *é*. Para mim é impossível. Vivo entre um contracheque e outro, quer dizer, o dinheiro mal chega ao final do mês. Portanto, como eu conseguiria reservar de cinco a dez dólares por dia? Isso não é realista."

## O IMPOSSÍVEL SE TORNA POSSÍVEL

Vendo que quase todos os presentes concordavam com Kim, pus de lado o plano de aula e resolvi dedicar o resto do tempo a responder à pergunta dela.

"Kim", comecei, "já que outros nesta sala obviamente pensam como você, examinemos o que quis dizer. Quer me ajudar?"

"É claro", concordou ela.

"Ótimo", repliquei; e, voltando-me para a lousa, apanhei um pedaço de giz. "Vejamos quais são as suas despesas num dia típico. Diga-me tudo o que faz diariamente."

"Bem", começou Kim, "vou para o trabalho e começo a responder às mensagens do dia anterior..."

"Espere", interrompi. "E antes de ir para o trabalho? Começa o dia com um café da manhã?"

A mulher sentada ao lado dela olhou-a e riu. "Kim é uma fera sem um cafezinho de manhã."

Kim deu um cutucão na amiga e virou-se de novo para mim. "Sim", disse, "começo o dia com um café da manhã."

"Está bem. E prepara o café em casa ou o toma de graça no escritório?"

Logo fiquei sabendo que Kim em geral parava numa lanchonete todas as manhãs para tomar o seu café. Na verdade, a amiga a acompanhava. Era o "presentinho" que davam a si mesmas.

"Certo", prossegui. "E é um café da manhã comum?"

"Bem, não", confessou Kim. "Eu sempre tomo um café com leite desnatado duplo."

Fiquei pensativo. "É curioso. E quanto esse café com leite desnatado duplo lhe custa por dia?"

"Três dólares e cinqüenta centavos", foi a resposta.

"Mas você come alguma coisa com o leite, não é? Talvez uma rosquinha."

"Um biscoito."

"E quanto custa?"

"Um dólar e cinqüenta centavos", atalhou a amiga de Kim. "Sei porque eu também como um!"

A classe pôs-se a rir. Restabelecido o silêncio, um rapaz da primeira fila virou-se e perguntou: "Mas onde no mundo um biscoito custa um dólar e cinqüenta centavos?"

"Bem, é um biscoito sem gordura", explicou Kim.

Todos começaram a rir de novo. Inclusive Kim.

Nisso, voltei-me para a lousa e escrevi o seguinte:

| | |
|---|---|
| Café com leite desnatado duplo | $3,50 |
| Biscoito sem gordura | $1,50 |
| Total | $5,00 |

"Interessante", disse eu, olhando de novo para Kim. "Antes de chegar ao trabalho você já gasta cinco dólares. Está bem, continue."

Ela pareceu um tanto aborrecida. "Ora", resmungou, "todos fazem isso. Não é o fim do mundo. Do jeito que trabalho, bem mereço uma xícara de café."

Levantei os braços em sinal de rendição. "Não é o fim do mundo, Kim. Continue, está bem? Que mais faz durante o dia?"

Ela fixou o olhar em mim por um instante e prosseguiu: "Bem, faço uma pausa às dez horas e, em geral com alguns colegas, vou tomar um suco."

"É mesmo? E quanto custa esse suco?"

"Três dólares e noventa e cinco centavos."

A amiga de Kim interrompeu de novo: "Mas, Kim, você acrescenta ao suco o tal fortificante do cérebro, *kinko babalu.*"

"Não é *kinko babalu*", ralhou Kim, "é *ginkgo biloba*, que comprovadamente aumenta a taxa de oxigênio no cérebro."

"Está bem", retomei, "agora que sabemos que você tem bastante oxigênio no cérebro, uma curiosidade: quanto lhe custa acrescentar *ginkgo biloba* ao suco?"

"Mais cinqüenta centavos", disse Kim, de olho na amiga.

"Come alguma coisa com o suco?"

"Sim. Às dez horas, quase sempre estou morrendo de fome. Afinal, a única coisa que como antes é o biscoito sem gordura."

"E o que é?"

"Uma barra de cereais que só custa um dólar e setenta e cinco centavos." Kim cruzou os braços e olhou-me, como a esperar resposta. "Certo?"

Fiz que sim e virei-me de novo para a lousa:

| | |
|---|---|
| Café com leite desnatado duplo | $ 3,50 |
| Biscoito sem gordura | $ 1,50 |
| Suco | $ 3,95 |
| Complemento energético | $ 0,50 |
| Barra de cereais | $ 1,75 |
| Total | $ 11,20 |

"Veja, Kim", disse eu, "ainda não chegamos ao almoço e você já gastou mais de dez dólares. E, verdade seja dita, ainda não comeu nada realmente!"

A classe ria com gosto. Inclusive Kim e a sua amiga.

Esperei que tudo se acalmasse e continuei: "Falando sério, Kim, não precisamos vistoriar o resto do seu dia diante da classe. Você poderá fazer isso depois. A questão, aqui, não é zombar do modo como gasta o seu salário. Estamos rindo porque sabemos que todos somos tão levianos com o dinheiro quanto você. Talvez não queiramos admiti-lo, mas gastamos pequenas quantias diariamente sem saber para quê. Mas deixe-me mostrar-lhe algo que, estou certo, a impressionará."

Peguei a minha calculadora. "Digamos, só por hipótese, que hoje mesmo você comece a economizar. Não em tudo, apenas numas poucas coisas. Que tal cinco dólares? Podemos trabalhar com isso? Seria capaz de economizar apenas cinco dólares por dia?"

Ela assentiu.

"Quantos anos tem?"

"Vinte e três", respondeu Kim.

"Está bem, digamos que você reserve cinco dólares diários para um plano de aposentadoria." Digitei alguns números na calculadora. "Isso dá $150 por mês ou quase $2.000 por ano. Acrescentemos juros de 10% ao ano, que é o que o mercado paga em média nos últimos cinqüenta anos: quanto acha que terá economizado ao chegar aos sessenta e cinco?"

Kim deu de ombros. "Não sei. Talvez cem mil dólares?"

Balancei a cabeça.

Kim começou a "chutar": "Duzentos mil?"

"Tente mais uma vez", sugeri.

"Quinhentos mil?"

"Que tal perto de um milhão e duzentos mil?"

Kim arregalou os olhos.

"E olhe que essa é uma estimativa modesta", ponderei. "Pelo que sei, a sua firma entra com alguma coisa no plano de aposentadoria, não é?"

Ela confirmou.

"Pois digamos que ela entre com apenas 50% do que você reserva: nesse caso, você estaria economizando perto de $3.000 por ano. Com sessenta e cinco, isso daria..." — digitei mais números na calculadora — "cerca de $1.742.467!"

Nessa altura, eu podia ver a lâmpada imaginária apagar-se sobre a cabeça de Kim. "David", disse ela finalmente, "quer dizer que **OS MEUS CAFÉS ESTÃO ME CUSTANDO PERTO DE DOIS MILHÕES DE DÓLARES!**"

Em uníssono, praticamente todos os presentes (inclusive a amiga de Kim) viraram-se para ela e gritaram "SIM!"

Eis como nasceu o Fator Café.

## E SE EU NÃO TOMAR CAFÉ?

Mal cessara o tumulto, um homem da última fila levantou a mão e disse: "Mas, David, eu não tomo café! Jamais poderia economizar o dinheiro que ela gasta na lanchonete. Isso é ridículo!"

Fiz sinal de que entendia. A reação dele era compreensível, mas errava o alvo. "Pessoal", respondi, dirigindo-me a ele e à classe, "não estamos falando aqui apenas em cafezinhos ou lanchonetes. Eu próprio às vezes entro numa delas. Estamos tratando, isso sim, do fato de não prestarmos atenção à quantia que gastamos em miudezas e de, se refletirmos no assunto e mudarmos de hábitos, ao menos em parte, podermos mudar o nosso destino."

Alguém perguntou: "Mas, e se os investimentos não obtiverem os 10% de juros anuais que você calculou para Kim?"

"Sem problemas", respondi. "Digamos que você obtenha um retorno anual de apenas 6%. Isso ainda lhe dará centenas de milhares de dólares em economias." Fiz mais algumas contas rápidas na calculadora. "No caso de Kim, o total seria $559.523. A conclusão, aqui, é que guardar pequenas quantidades de dinheiro pode nos tornar ricos. E quanto mais cedo começarmos, melhor."

A aula já deveria ter terminado há muito, mas pessoas ainda circulavam pelo local, conversando. Parecia que, de tudo o que eu lhes ensinara nas quatro semanas anteriores, o que mais importava era quanto dinheiro o café da manhã de Kim estava lhe custando. Enquanto os alunos se dirigiam para o estacionamento, discutindo qual poderia ser o seu Fator Café individual, ocorreu-me que esse era um tema do qual eu deveria voltar a tratar.

Preparando a próxima aula, criei um esquema visual para ilustrar a força do Fator Café. Uso-o desde então. É assim:

**UM CAFÉ POR DIA RETARDA A APOSENTADORIA**

| | | |
|---|---|---:|
| Um Café por Dia | = | $3,50 |
| Um Café por Dia Durante Um Mês | = | $105,00 |
| Um Café por Dia Durante Um Ano | = | $1.260,00 |
| Um Café por Dia Durante Dez Anos | = | $12.600,00 |

Em que mais as pessoas gastam dinheiro?

Que tal os cigarros? Essas porcarias não constituem apenas um risco à saúde: representam também um risco financeiro. Em Nova York, onde moro, os impostos sobre esse produto são tão altos que um maço custa hoje mais de sete dólares. Mesmo assim, centenas de milhares de pessoas — sobretudo adultos jovens — compram cigarros diariamente.

**UM MAÇO DE CIGARROS POR DIA... É AINDA PIOR**

| | | |
|---|---|---|
| Um Maço por Dia | = | $7 |
| Um Maço por Dia Durante Um Mês | = | $210 |
| Um Maço por Dia Durante Um Ano | = | $2.520 |
| Um Maço por Dia Durante Dez Anos | = | $25.200 |

Eu poderia multiplicar os exemplos, mas esses dois bastam. E insisto: não estou falando unicamente em café ou cigarros, apenas mostrando números. Pura matemática. E matemática elementar (graças a Deus, pois não sou muito bom nisso, nem você, talvez).

O ponto em questão é que, quer gastemos dinheiro com cafezinhos sofisticados, águas minerais (há agora uma bem bonita), cigarros, refrigerantes, doces, sanduíches ou seja lá o que for — todos temos o nosso Fator Café. Todos jogamos fora grande parte do nosso dinheirinho suado em "pequenos" gastos desnecessários, sem perceber a quanto isso pode montar. Quanto mais cedo você descobrir o seu Fator Café — ou seja, identificar os gastos desnecessários —, mais cedo começará a eliminá-los. Quanto mais cedo fizer isso, mais dinheiro extra conseguirá reservar. E quanto mais cedo reservar, maior será a sua fortuna.

Considere o seguinte:

**USE O PODER DO FATOR CAFÉ**

$5 (preço médio de um café e um biscoito)
X 7 dias = $35/semana = aprox. $150/mês.
Se você investir $150 mensais, com juros de 10%, ganhará em

| | | |
|---|---|---|
| 1 ano | = | $1.885 |
| 2 anos | = | $3.967 |
| 5 anos | = | $11.616 |
| 10 anos | = | $30.727 |
| 15 anos | = | $62.171 |
| 30 anos | = | $339.073 |
| 40 anos | = | $948.611 |

Interessante, não? E que tal dar agora mais um passo à frente e dizer: "Bem, acho que gasto dez dólares por dia em coisas que realmente não preciso comprar"? Como será o quadro?

Se você investir $10 por dia (ou $300/mês), com 10% de juros anuais, ganhará em

| | | |
|---|---|---|
| 1 ano | = | $3.770 |
| 2 anos | = | $7.934 |
| 5 anos | = | $23.231 |
| 10 anos | = | $61.453 |
| 15 anos | = | $124.341 |
| 30 anos | = | $678.146 |
| 40 anos | = | $1.897.224 |

Façamos mais um cálculo. Digamos que você mantenha um relacionamento fixo, casamento ou união livre, e ambos olhem para esse quadro e digam: "Vamos lá, e se *cada um* economizar dez dólares por dia, o que acontecerá?"

Se vocês investirem $20 por dia (ou $600/mês), com juros de 10% anuais, ganharão em

| | | |
|---|---|---|
| 1 ano | = | $7.539 |
| 2 anos | = | $15.868 |
| 5 anos | = | $46.462 |
| 10 anos | = | $122.907 |
| 15 anos | = | $248.682 |
| 30 anos | = | $1.356.293 |
| 40 anos | = | $3.794.448 |

Pense bem nisso, olhando com atenção para os números. Não será possível descobrir de cinco a dez dólares que você poderia economizar nas despesas diárias?

Creio que a resposta será sim. Tenha em mente que só estamos falando aqui em reservar para você mesmo, todos os dias, o equivalente a menos de uma hora de salário. Se trabalhar mais ou menos 90.000 horas no curso de sua vida (e isso é a média), por que não trabalhar uma hora por dia para você mesmo? Pelo menos, vale a pena pensar no assunto.

## NÃO HÁ TRUQUES AQUI

Ficar rico é mera questão de adotar e seguir um plano sistemático de investimento e poupança. Se você não for uma pessoa particularmente disciplinada, não se preocupe. Nos próximos capítulos, aprenderá como "automatizar" o seu plano, tal qual o fizeram os McIntyres. Por ora, quero apenas que se concentre no fato de não precisar ter nem ganhar montes de dinheiro. Precisa apenas decidir que merece ser rico e dizer a si mesmo: "Sabe que mais? Eu deveria gozar de liberdade financeira. Outras pessoas gozam. Por que não eu?"

## SIM, MAS... SIM, MAS... SIM, MAS...

É aqui que se começa a ouvir os "sim, mas...". O que é um "sim, mas.."? Aquilo que as pessoas fazem o tempo todo para racionalizar a sua posição atual na vida. O mais engraçado (e triste) com respeito ao "sim, mas..." é que essas pessoas muitas vezes tentam realmente, de todas as maneiras, melhorar de vida — apenas para dar como resposta um "sim, mas...".

E se você for uma delas? E será de fato, caso no momento esteja dizendo a si mesmo coisas como:

*Sim, mas... nunca obterei juros de dez por cento com o meu dinheiro.*

Errado. Mais tarde, explicarei como conseguir isso com o tempo. Apenas continue lendo o livro.

*Sim, mas... com a inflação e tudo o mais, um milhão não será nada daqui a trinta anos.*

Errado. Será mais do que você pensa. Pelo menos, valerá mais que nada — que é o que você terá se não começar desde logo a economizar dinheiro.

*Sim, mas... na verdade, não há meio de economizar pequenas quantias e investi-las. É preciso bem mais que isso para investir.*

Errado. Hoje, é possível fazer planos de investimento automático com apenas um dólar por dia. Continue lendo.

*Sim, mas... Sei que não gasto um centavo à toa e não encontro uma maneira de economizar o dinheiro a que você se refere.*

Ora, vamos! Dê uma pancadinha (de leve) na cabeça e continue lendo. O que você está dizendo não é verdade.

## GOSTARIA DE TER SABIDO DISSO ANTES

Aqui vai um último gráfico e depois começaremos a explorar o modo de pôr o Fator Café a trabalhar para você. O gráfico é um dos mais vigorosos motivadores que jamais vi. Na verdade, gostaria que alguém o tivesse mostra-

## O VALOR-TEMPO DO DINHEIRO — Invista Agora e Não Depois

| Billy Investe com 15 Anos (10% de Juros Anuais) | | | Susan Investe com 19 Anos (10% de Juros Anuais) | | | Kim Investe com 27 Anos (10% de Juros Anuais) | | |
|---|---|---|---|---|---|---|---|---|
| Idade | Invest. $3K/a | Valor | Idade | Invest. $3K/a | Valor | Idade | Invest. $3K/a | Valor |
| 15 | $3K | $3.300,00 | 15 | | | 15 | | |
| 16 | $3K | $6.930,00 | 16 | | | 16 | | |
| 17 | $3K | $10.923,00 | 17 | | | 17 | | |
| 18 | $3K | $15.315,30 | 18 | | | 18 | | |
| 19 | $3K | $20.146,83 | 19 | $3K | $3.300,00 | 19 | | |
| 20 | | $22.161,51 | 20 | $3K | $6.930,00 | 20 | | |
| 21 | | $24.377,66 | 21 | $3K | $10.923,00 | 21 | | |
| 22 | | $26.815,43 | 22 | $3K | $15.315,30 | 22 | | |
| 23 | | $29.496,97 | 23 | $3K | $20.146,83 | 23 | | |
| 24 | | $32.446,67 | 24 | $3K | $25.461,51 | 24 | | |
| 25 | | $35.691,34 | 25 | $3K | $31.307,66 | 25 | | |
| 26 | | $39.260,47 | 26 | $3K | $37.738,43 | 26 | | |
| 27 | | $43.186,52 | 27 | | $41.512,27 | 27 | $3K | $3.300,00 |
| 28 | | $47.505,17 | 28 | | $45.663,50 | 28 | $3K | $6.930,00 |
| 29 | | $52.255,69 | 29 | | $50.229,85 | 29 | $3K | $10.923,00 |
| 30 | | $57.481,26 | 30 | | $55.252,84 | 30 | $3K | $15.315,30 |
| 31 | | $63.229,38 | 31 | | $60.778,12 | 31 | $3K | $20.146,83 |
| 32 | | $69.552,32 | 32 | | $66.855,93 | 32 | $3K | $25.461,51 |
| 33 | | $76.507,55 | 33 | | $73.541,53 | 33 | $3K | $31.307,66 |
| 34 | | $84.158,31 | 34 | | $80.895,68 | 34 | $3K | $37.738,43 |
| 35 | | $92,574,14 | 35 | | $88.985,25 | 35 | $3K | $44.812,27 |
| 36 | | $101.831,55 | 36 | | $97.883,77 | 36 | $3K | $52.593,50 |
| 37 | | $112.014,71 | 37 | | $107.672,15 | 37 | $3K | $61.152,85 |
| 38 | | $123.216,18 | 38 | | $118.439,36 | 38 | $3K | $70.568,14 |
| 39 | | $135.537,80 | 39 | | $130.283,30 | 39 | $3K | $80.924,95 |
| 40 | | $149.091,58 | 40 | | $143.311,63 | 40 | $3K | $92.317,45 |
| 41 | | $164.000,74 | 41 | | $157.642,79 | 41 | $3K | $104.849,19 |
| 42 | | $180.400,81 | 42 | | $173.407,07 | 42 | $3K | $118.634,11 |
| 43 | | $198.440,89 | 43 | | $190.747,78 | 43 | $3K | $133.797,52 |
| 44 | | $218.284,98 | 44 | | $209.822,55 | 44 | $3K | $150.477,27 |
| 45 | | $240.113,48 | 45 | | $230.804,81 | 45 | $3K | $168.825,00 |
| 46 | | $264.124,82 | 46 | | $253.885,29 | 46 | $3K | $189.007,50 |
| 47 | | $290.537,31 | 47 | | $279.273,82 | 47 | $3K | $211.208,25 |
| 48 | | $319.591,04 | 48 | | $307.201,20 | 48 | $3K | $235.629,07 |
| 49 | | $351.550,14 | 49 | | $337.921,32 | 49 | $3K | $262.491,98 |
| 50 | | $386.705,16 | 50 | | $371.713,45 | 50 | $3K | $292.041,18 |
| 51 | | $425.375,67 | 51 | | $408.884,80 | 51 | $3K | $324.545,30 |
| 52 | | $467.913,24 | 52 | | $449.773,28 | 52 | $3K | $360.299,83 |
| 53 | | $514.704,56 | 53 | | $494.750,61 | 53 | $3K | $399.629,81 |
| 54 | | $566.175,02 | 54 | | $544.225,67 | 54 | $3K | $442.892,79 |
| 55 | | $622.792,52 | 55 | | $598.648,24 | 55 | $3K | $490.482,07 |
| 56 | | $685.071,77 | 56 | | $658.513,06 | 56 | $3K | $542.830,27 |
| 57 | | $753,578,95 | 57 | | $724.364,36 | 57 | $3K | $600.413,30 |
| 58 | | $828.936,84 | 58 | | $796.800,80 | 58 | $3K | $663.754,63 |
| 59 | | $911.830,53 | 59 | | $876.480,88 | 59 | $3K | $733.430,10 |
| 60 | | $1.003.013,58 | 60 | | $964.128,97 | 60 | $3K | $810.073,11 |
| 61 | | $1.103.314,94 | 61 | | $1.060.541,87 | 61 | $3K | $894.380,42 |
| 62 | | $1.213.646,43 | 62 | | $1.166.596,05 | 62 | $3K | $987.118,46 |
| 63 | | $1.335.011,08 | 63 | | $1.283.255,66 | 63 | $3K | $1.089.130,30 |
| 64 | | $1.468.512,18 | 64 | | $1.411.581,22 | 64 | $3K | $1.201.343,33 |
| **65** | | **$1.615.363,40** | **65** | | **$1.552.739,35** | **65** | **$3K** | **$1.324.777,67** |

Total investido = $15.000
Ganhos de Billy sobre o investimento = $1.600.363,40

Total investido = $24.000
Ganhos de Susan sobre o investimento = $1.528.739,35

Total investido = $117.000
Ganhos de Kim sobre o investimento = $1.207.777,67

Os ganhos sobre os diversos tipos de investimento podem variar. Os juros e o principal flutuarão, de sorte que o valor do investimento pode ser maior ou menor do que a quantia investida originalmente.

Billy investiu $102.000 a menos que Kim e ganhou $290.585,73 a mais!
COMECE A INVESTIR CEDO!

do a mim quando eu estava no colégio. Se você for mais velho, queira partilhá-lo com um jovem a quem estima. Você poderá mudar-lhe completamente a vida.

O que o quadro mostra é que basta colocar $3.000 por ano num fundo de investimento orientado à aposentadoria e em seguida deixar que os juros capitalizados façam a sua mágica. No próximo capítulo, falarei sobre planos de previdência. Por ora, apenas observe os números — sobretudo, quão pouco terá de empregar em comparação com o que ganhará no fim. Quando mostro esse quadro em meus seminários, as pessoas costumam gaguejar: "Ah, se eu soubesse disso antes!"

Bem, agora já sabem! O milagre dos juros capitalizados é o instrumento da riqueza do Milionário Automático.

## DESCUBRA O SEU FATOR CAFÉ

Refletindo sobre o seu Fator Café, você poderá tentar adivinhá-lo; mas, se catalogar os seus gastos reais, você saberá com certeza. Os dois sistemas funcionam. Contudo, saber com certeza é bem melhor.

A fim de saber ao certo qual é o seu Fator Café, use o formulário Desafio do Fator Café das páginas seguintes para rastrear as despesas de um dia. Amanhã, leve consigo este livro aonde for e registre cada centavo que gastar durante o dia.

Essa talvez não pareça no momento uma atividade produtiva, mas, depois de partilhar a idéia com alunos, leitores e clientes por anos, ouso dizer-lhe que, quando posto realmente em ação, é um exercício que pode mudar uma vida. É contundente ver em preto e branco quanto gastamos — e em quê — no curso de um único dia. Vendo isso escrito em números frios e objetivos, motivamo-nos a empreender mudanças nos gastos de um modo que em outras circunstâncias não nos ocorreria.

Como um bônus extra, você talvez ache divertido encarar esse desafio. Ao longo do dia, certamente alguém lhe perguntará o que está fazendo. A sua resposta ("Estou rastreando o meu Fator Café") poderá iniciar uma conversa que, por seu turno, talvez ajude outra pessoa a tornar-se um Milionário Automático. E isso não é pouco! Afinal, é bem mais gostoso ser rico com os amigos do que sozinho.

## O DESAFIO DO FATOR CAFÉ

Dia: ____________ Data: ____________

| Item: | Custo: | Dinheiro Desperdiçado? (✓ para sim) |
|---|---|---|
| 1 | | |
| 2 | | |
| 3 | | |
| 4 | | |
| 5 | | |
| 6 | | |
| 7 | | |
| 8 | | |
| 9 | | |
| 10 | | |
| 11 | | |
| 12 | | |
| 13 | | |
| 14 | | |
| 15 | | |

Total do meu Fator Café: (Custo Total dos Itens Assinalados)

= ____________

| A MATEMÁTICA DO FATOR CAFÉ | | |
|---|---|---|
| Meu Fator Café por um dia = | ________ | |
| Meu Fator Café por um mês = | ________ | (Fator Café x 30) |
| Meu Fator Café por um ano = | ________ | (Fator Café x 365) |
| Meu Fator Café por dez anos = | ________ | (Fator Café x 3.650) |

| SE EU INVESTISSE O MEU FATOR CAFÉ POR | |
|---|---|
| 10 anos, ele valeria = | ____________________ |
| 20 anos, ele valeria = | ____________________ |
| 30 anos, ele valeria = | ____________________ |
| 40 anos, ele valeria = | ____________________ |

## RESPOSTAS A ALGUMAS PERGUNTAS FREQÜENTES

Antes de prosseguir, responderei às perguntas mais freqüentes que me fizeram sobre o Desafio do Fator Café no decorrer dos anos.

Uma das mais comuns é (falo a verdade, juro): *David, devo incluir coisas que pago à vista, ao catalogar as minhas despesas?*

A resposta é sim.

*E quanto a cartões de crédito e cheques?* Sim!

*E tarifas de pedágio?* SIM, SIM, SIM!

Você deve registrar tudo o que gasta. E tudo significa "tudo".

## "ORA, ISSO É UMA BESTEIRA!"

Anos atrás, apresentei uma versão de sete dias do Desafio do Fator Café num programa nacional de rádio — e o entrevistador disse que era a idéia mais idiota que jamais ouvira. Eis as suas palavras textuais: "Ora, isso é uma besteira!".

Levando em conta que era um programa muito popular, com enorme audiência, fiquei um tanto abalado com a reação dele. "Ora digo eu", respondi-lhe, "o que há de tão bobo nisso?"

Ele riu na minha cara. "Oh, David, falar é fácil e tudo o mais, mas caia na real. Acompanhar despesas durante sete dias? Pensar no Fator Café? Pare com isso! O meu público precisa de idéias reais, concretas. Não de truquezinhos bobos."

Agora eu estava suando um pouco. Disse: "Quer algo real? Que tal isto: tentar pôr em prática a minha idéia idiota? Você vigiará as suas despesas por sete dias e, no final da semana, me telefonará, ao vivo no rádio, e dirá se ainda acha que a idéia é tão idiota assim. Se fizer isso com seriedade, aposto cem dólares em que a sua vida vai mudar".

O apresentador olhou-me de lado e riu. "Feito", disse ele.

Mas, uma semana depois, não me telefonou — portanto, eu telefonei para ele. Ficou um pouco surpreso ao ouvir a minha voz, mas não se esquecera de quem eu era nem da aposta que havíamos feito. Humildemente, admitiu que havia posto em prática o meu Desafio do Fator Café. Acrescentou que tinha ficado deprimido. Vejam: essa figura de rádio nacionalmente conhecida, que sabia tudo e queria idéias de investimento concretas para os seus ouvintes, confessou-me que após acompanhar as suas despesas durante uma semana descobrira que estava gastando cinqüenta dólares por dia *em restaurantes*. (Aqueles que acharem isso inacreditável lembrem-se de que o homem morava em Manhattan, Nova York, onde realmente é muito fácil gastar tanto.)

Contudo, o que mais o deixava perplexo era a matemática. Após averiguar que gastara literalmente mais de $350 naquela semana, em mesas de restaurantes, começou a fazer alguns cálculos. "Percebe o que isso significa?", perguntou-me. "Significa que estou gastando $1.400 por mês comendo fora. Em um ano, a quantia monta a $16.800. E sabe que tenho menos de $20.000 em poupança? Estou na casa dos quarenta anos e não depositei um tostão em meu fundo de investimento orientado à aposentadoria durante dez anos porque achava que não tinha condições de fazê-lo. Venho ganhando mais de $100.000 anuais ao longo de uma década e não possuo nada."

Continuou dizendo que, em resultado do que aprendera com o desafio, iria começar a contribuir de novo para a previdência. O Fator Café acertara em cheio no seu caso.

A minha ideiazinha engenhosa tinha funcionado.

Por alguma razão, no entanto, ele nunca mais me convidou para o seu programa.

## TALVEZ NÃO SEJA BOBAGEM

Neste ponto, espero que você esteja entusiasmado. Vejamos agora o que poderá fazer depois de descobrir o seu Fator Café e assumir o controle de suas despesas. O seu futuro está prestes a mudar para sempre.

## ENTRE EM AÇÃO

Em primeiro lugar, congratulo-me com você por ter lido o livro até aqui. Na verdade, já leu mais páginas deste livro sobre dinheiro do que a maioria das pessoas lê durante a vida inteira. Muito bem.

Daqui por diante, cada capítulo terminará com uma série de **Passos de Ação do Milionário Automático.** A finalidade deles é resumir o que você acabou de ler e motivá-lo a agir imediatamente, vigorosamente. Lembre-se: inspiração não-usada é mero entretenimento. A fim de obter novos resultados, você precisará empreender novas ações. Para tornar-se um Milionário Automático, terá de pôr em prática o que aprendeu. A única maneira de assegurar o futuro financeiro que deseja é começar a criá-lo agora mesmo!

### PASSOS DE AÇÃO DO MILIONÁRIO AUTOMÁTICO

Passando em revista as ações que discutimos neste capítulo, eis o que você deve fazer agora para tornar-se um Milionário Automático. Vá eliminando cada passo dado.

- ❑ Reconheça que o importante não é quanto se ganha, mas quanto se gasta.
- ❑ Aceite o Desafio do Fator Café. Por apenas um dia, leve este livro consigo para toda parte e use o formulário da página 40 para registrar todos os seus gastos.
- ❑ Decida agora mesmo que poderá viver com menos e comece a economizar hoje.
- ❑ Estude os gráficos das páginas 35 e 36 para descobrir, em segundos, até que ponto economizar um pouco por dia pode mudar a sua vida.

CAPÍTULO 3

# APRENDA A PAGAR-SE EM PRIMEIRO LUGAR

Aqui vão boas notícias. Se o Fator Café lhe mostrou que você já ganha dinheiro suficiente para começar a acumular uma fortuna real, então este capítulo vai pô-lo no caminho da ação. Por quê? Porque o que faremos agora será eliminar, de uma vez por todas, o peso insuportável chamado orçamento.

Sei o que você está pensando.

*A finalidade do Fator Café não é determinar quanto estou gastando para que eu possa saber onde cortar gastos? E isso não significa ter um orçamento?*

Não. A finalidade do Fator Café não é convencê-lo a seguir um orçamento. É mostrar-lhe que já ganha o suficiente para começar a economizar e a investir. Melhor ainda, para enriquecer.

## JÁ É TEMPO DE JOGAR FORA O ORÇAMENTO

Como você já sabe que a maioria das pessoas ganha o bastante para tornar-se um Milionário Automático (já sabe disso, não?), é hora de examinar o outro grande equívoco que impede as pessoas de acumular uma fortuna real — a crença de que a solução do problema é fazer orçamento.

Por que tanta gente acha que precisa de orçamento? Porque é o que os outros recomendam. Talvez alguém já lhe tenha dito: "Siga um orçamento e tudo vai dar certo". Mas quem lhe disse isso? Os seus pais? Um professor?

A esposa? Um consultor financeiro? Estou certo de que quem deu tal conselho estava bem-intencionado. Mas era rico, feliz, alegre? Seguiu ele próprio, com sucesso, um orçamento?

Duvido.

## POUCOS DE NÓS NASCEMOS PARA ORÇAMENTOS

O fato é que poucos de nós nascemos para orçamentos. E, verdade seja dita, quando nascemos com vocação para orçamentos, inevitavelmente nos apaixonamos por alguém com vocação para compras! Assim, o nosso orçamento vai para o espaço. Bam! Adeus, Sr. Orçamento.

Se isso descreve a sua situação, não se preocupe. É absolutamente normal. Quase todos os casais que conheci são assim. Por desgraça, se você for um "orçamentista" e casar-se com uma "consumista", não importa o quanto se amarem, vocês brigarão por questões de dinheiro. Os McIntyres brigavam por causa de seu orçamento e o mesmo aconteceu comigo e a minha esposa, Michelle.

Então, qual é a moral da história? Ei-la.

## HÁ UM MODO MELHOR DE ENRIQUECER DO QUE FAZER ORÇAMENTO

Há um motivo muito simples pelo qual os orçamentos não funcionam no mundo real.

Eles não são divertidos.

E, por não serem divertidos, é muito difícil segui-los. Pense nisso. O orçamento consiste em apertá-lo financeiramente hoje em prol de seu bem-estar futuro. Trata-se, é claro, de uma idéia responsável; mas, como estratégia, contraria a natureza humana. Pior ainda, contraria as três mil mensagens publicitárias que o bombardeiam diariamente, instando-o a gastar cada tostão que ganha.

Ouço constantemente os chamados especialistas dizendo coisas assim: "Você precisa fazer um orçamento realista, que inclua lazer, restaurantes, vestuário, moradia, viagens, alimentação...", etc., etc. Isso é uma bobagem. É como explicar às pessoas que o modo de emagrecer consiste em calcular cada bocado que comem, com as respectivas calorias.

Quantas pessoas você conhece que passaram a seguir uma dieta, ficaram obcecadas com a contagem das calorias e dos gramas de gordura presentes em tudo o que ingerem (e em tudo o que *você* ingere também), mas parecem mais obesas que nunca? A verdade é que esse tipo de dieta geralmente não funciona. Por quê? Porque a maioria das pessoas se cansa de contar calorias e fazer sacrifícios.

Ocorre o mesmo com aquelas que se metem em dietas financeiras. Por algum tempo, registram cada centavo que gastam. Mas, um belo dia, não mais suportam isso e saem correndo para uma farra de compras. Não há o que discutir: todo sistema elaborado para controlar os impulsos humanos normais está de antemão fadado ao insucesso.

Acontece que os seres humanos não gostam de ser controlados. **Gostam de controlar.**

É grande a diferença. Acredite-me, quando se trata de dinheiro, você é que deve controlá-lo, nunca permitir que ele o controle. Assim, apanhe todos os orçamentos com os quais se meteu e jogue-os no lixo. Se quiser mesmo orçar as suas despesas, faça-o por sua conta e risco; mas digo-lhe que é pura perda de tempo e esforço. O que pretendo ensinar-lhe, ao contrário, é um sistema que lhe permitirá parar de inquietar-se com gastos de uma vez por todas. É o sistema que os McIntyres e todos os outros Milionários Automáticos que conheço adotaram para enriquecer quase sem esforço.

A pergunta que lhe faço é a seguinte: você está pronto para uma tarefa simples?

## SE VOCÊ TIVESSE FEITO SÓ ISSO, ESTARIA RICO

Ponto final. Sem exageros. Sem espalhafato. Se você quer ser rico, tudo o que tem a fazer é decidir fazer algo que os outros não fazem: PAGAR-SE EM PRIMEIRO LUGAR.

O que a maioria das pessoas faz, quando recebe algum dinheiro, é pagar os outros primeiro. Paga o locador, o cartão de crédito, a companhia telefônica, o governo, e por aí vai. As pessoas acham que precisam de um orçamento para ajudá-las a decidir quanto irão pagar a todos de modo que no final do mês — ou do ano, ou da vida profissional — alguma coisa sobre para pagarem a si mesmas.

Isso, meu amigo, é absolutamente, positivamente um atraso financeiro. E dado que o sistema não funciona, as pessoas vivem tentando alguns métodos esquisitos de enriquecer.

No final das contas, há basicamente seis caminhos para a riqueza neste país. Você pode:

- ganhá-la
- desposá-la

• herdá-la
• demandá-la em juízo
• economizar
OU
• pagar-se primeiro

Passemos em revista, rapidamente, cada um desses métodos.

**Ganhá-la.** Sabe qual o meio número um a que os americanos trabalhadores de classe média recorrem para enriquecer? A loteria. Desde 1964, quando a loteria de New Hampshire foi inaugurada, os americanos torraram mais de $500 bilhões em bilhetes de loteria. Pode você imaginar o que aconteceria se esses dólares fossem investidos em fundos de investimento orientados à aposentadoria? Outra pergunta: você já ganhou alguma vez na loteria? Conhece alguém que ganhou? Essa pessoa deu-lhe alguma coisa? Então esqueçamos isso e passemos adiante.

**Desposá-la.** Isso funcionaria para você? Há um ditado que diz: "É tão fácil casar-se com uma pessoa rica quanto com uma pobre". Será? A verdade é que quem se casa por dinheiro em geral fica pagando por ele o resto da vida. Portanto, deixemos isso de lado também — a menos, é claro, que você se apaixone por uma pessoa que casualmente seja rica.

**Herdá-la.** Nisso, obviamente, nem vale a pena pensar, a menos que os seus pais sejam ricos. E mesmo que o sejam, não será um pouco calhorda visitá-los durante as férias, perguntar como estão e pensar "Droga!" quando respondem que estão muito bem?

**Demandá-la em juízo.** Esse é um método glorioso nos dias que correm. Mais de três quartos dos advogados do mundo trabalham nos Estados Unidos e cerca de 94% dos processos do mundo são julgados aqui. Parece que, aos olhos de certas pessoas, ao invés de ganhar, economizar e investir, o melhor é processar e extorquir. Seja como for, não se trata de um sistema concreto, com que se possa contar para enriquecer.

**Economizar.** Você pode ser sovina, aproveitar ofertas, vigiar cada centavo gasto, nunca divertir-se e deixar de viver por trinta anos na esperança de, algum dia, ser capaz de aposentar-se e começar a gozar a vida. Argh! Isso parece horrível. Não admira que quase nunca funcione.

Ficamos, pois, com um único método comprovado e *fácil* de enriquecer. E esse método consiste em...

## PAGAR-SE EM PRIMEIRO LUGAR

Pode muito bem ser que você já tenha ouvido essa frase antes. A idéia de Pagar-se em Primeiro Lugar não é original nem, certamente, nova. Ensino-a há anos e ela já andava por aí quando comecei. Regra geral, sempre pergunto aos meus alunos se já conhecem o conceito de Pagar-se em Primeiro Lugar. Em praticamente todo curso ou seminário que ministro, quer estejam na platéia cinco ou cinco mil pessoas, mais de 90% levantam a mão em sinal de assentimento. (Os outros 10% talvez já conheçam também, mas não são o tipo de pessoas que levantem a mão não importa o que eu pergunte.)

Entretanto, ter ouvido falar no conceito não significa vivenciá-lo. Antes de explicar em detalhe o que ele vem a ser e como usá-lo, peço-lhe que faça a si mesmo as perguntas que se seguem e descubra se sabe as respostas. E, mais importante ainda, se está vivenciando aquilo que sabe.

### VOCÊ SABE REALMENTE O QUE SIGNIFICA "PAGAR-SE EM PRIMEIRO LUGAR"?

- Sabe quanto deve Pagar-se em Primeiro Lugar?
- Sabe onde depositar o dinheiro?
- Está fazendo isso no momento?
- O seu plano de Pagar-se em Primeiro Lugar é AUTOMÁTICO?

Com base nas respostas das pessoas a essas perguntas, posso dizer imediatamente se elas têm um plano realista de enriquecer. Mas a verdade é que poucas têm.

E você, o que tem feito? Está se pagando em primeiro lugar? Sabe qual a porcentagem que está se pagando? Está aplicando o dinheiro no lugar certo? O seu plano de Pagar-se em Primeiro Lugar é automático, para que você não precise se preocupar com orçamentos nem com preenchimento de cheques — ou sequer pensar nisso — a fim de economizar?

Se conseguir responder a todas essas perguntas com um "sim" inequívoco, parabéns; você é uma pessoa admirável. Anda fazendo mais do que muitas pessoas jamais farão para alcançar liberdade financeira. Mas, mesmo assim, continue lendo porque este livro contém idéias que uma pessoa ativa como você poderá usar para chegar ao próximo nível.

Por outro lado, se a sua resposta a algumas ou todas as perguntas for "não", fique tranqüilo. Você é inteiramente normal. **A maioria das pessoas não se paga em primeiro lugar nem tem planos automáticos.** Essas pessoas só esperam ficar ricas. E esperar nunca funciona. Sem dúvida, elas poderão enriquecer por acaso. Poderão ganhar na loteria. Ou ser atropeladas por um ônibus e demandar em juízo uma indenização milionária. Isso, porém, não é um plano.

E você quer um plano.

Portanto, se não responder afirmativamente a todas as perguntas, acalme-se. O resto do livro lhe mostrará como agir.

## O QUE SIGNIFICA "PAGAR-SE EM PRIMEIRO LUGAR"

Pagar-se em Primeiro Lugar significa isso mesmo. Quando você ganhar um dólar, a primeira pessoa a ser paga será você. A maioria das pessoas não faz isso. Quando ganham um dólar, pagam primeiro ao Tio Sam. Ganham um dólar e antes até de recebê-lo já deixam com o governo cerca de 27 centavos em impostos federais (às vezes mais). Depois, dependendo do Estado onde moram, chegam a pagar uma média de mais 5 centavos em impostos estaduais. Por cima de tudo isso está a contribuição para a Assistência Social, a assistência médica, o seguro-desemprego. No fim, deixam com o governo de 35 a 40 centavos de seu dólar penosamente conseguido. *Parece que todo mundo é pago, menos quem ganhou o dinheiro.*

## NEM SEMPRE FOI ASSIM

Nem sempre o governo "mordeu" o seu salário antes mesmo de você recebê-lo. Até 1943, os trabalhadores embolsavam o salário e só pagavam impostos na primavera seguinte. Do ponto de vista do governo, porém, esse sistema apresentava um problema: não se podia esperar que as pessoas economizassem o suficiente para cumprir as suas obrigações na data marcada.

*Pense nisso um pouco.* O governo é muito esperto. Ele percebeu, há muitos anos, que o povo não consegue controlar gastos e deu um jeito de "ser pago primeiro". E não só deu um jeito de ser pago primeiro como *automatizou o processo* para não haver deslizes. Imaginou um meio praticamente infalível de arrecadar dinheiro. Sem senões.

Esse é um fato muitíssimo importante. Tão importante que você deveria ler de novo os dois últimos parágrafos e descobrir realmente o que significam. Se fizer isso, o resto do livro será fácil de pôr em prática porque o que você fará será exatamente o que o governo fez para assegurar-se o fluxo de impostos. O governo excogitou um sistema que sempre funcionará com as pessoas comuns, baseado no modo como elas realmente são e não como pensam ser. Foi brilhante. E você deve fazer a mesma coisa. **Deve elaborar um sistema capaz de garantir que será pago — no qual se pagará em primeiro lugar AUTOMATICAMENTE.**

A boa notícia é que poderá fazê-lo com facilidade.

## NÃO PAGUE O GOVERNO PRIMEIRO

Se houver um meio legal de evitá-lo, por que diabos você permitirá que o governo dê a primeira mordida em seu contracheque? Lembre-se: o Tio Sam leva cerca de 30 centavos de cada dólar que você ganha. Assim, ficam-lhe apenas 70 centavos para gastar no RESTO, inclusive poupança de aposentadoria e investimento. Isso é o que se chama diminuição de renda.

Eis por que muita gente acha difícil sobreviver com o que ganha. Digamos que o seu salário seja de $50.000 por ano. (Isso é um pouco mais que a média, mas usemo-lo como base para simplificar as contas.) Como você paga o governo primeiro, não ganha realmente $50.000, mas 70% de $50.000 — ou $35.000. Esse é todo o dinheiro que tem para pagar as contas e manter um lar. Não é muito, certo? Eis por que tantas pessoas acham que precisam acomodar-se a um orçamento.

## O SEGREDO É O MODO COMO O SEU DINHEIRO FLUI

Você tem uma maneira legal de diferir impostos federais e estaduais que incidem sobre o dinheiro que percebeu. A palavra-chave, aqui, é "legal". Você pode, legalmente, Pagar-se em Primeiro Lugar, e não ao governo, simplesmente abrindo o chamado fundo de investimento orientado à aposentadoria. Há muitas contas desse tipo. Vamos examiná-las em detalhe mais à frente.

## QUANTO DEVO PAGAR-ME EM PRIMEIRO LUGAR?

A pergunta mais freqüente sobre o sistema de Pagar-se em Primeiro Lugar é: "Quanto?" Há para ela uma resposta simples, mas para melhor esclarecer as coisas, contarei uma história.

## A PESSOA PARA QUEM VOCÊ TRABALHA O ESTÁ ESPERANDO EM CASA

Não faz muito tempo, voltando do escritório, vi ao lado da pista um cartaz com os dizeres: "A pessoa para quem você trabalha o está esperando em casa". A princípio, achei graça. Depois, comecei a refletir.

Embora os empregadores nos queiram impingir o contrário, a razão pela qual a maioria de nós trabalha não é o bem da firma, nem mesmo a satisfação dos consumidores. Trabalhamos para nós mesmos e nossa família. Trabalhamos para proteger os nossos entes queridos. Tudo o mais é secundário. Para nós, a prioridade somos nós mesmos.

Ou não? A verdade é que não fomos educados para nos colocar em primeiro lugar. Fomos educados para ser bonzinhos. Para partilhar. Para ajudar o próximo.

Esses são valores maravilhosos e acredito neles. Mas acredito também em outra coisa: no velho ditado de que Deus ajuda quem se ajuda. Acho que há aí muita verdade. Assim, antes de começar a esboçar um plano financeiro, ocupe-se das seguintes questões: você está se ajudando? Está REALMENTE trabalhando para você mesmo?

Não pergunto se você é o seu próprio patrão. Pergunto se está trabalhando em seu próprio benefício e no de sua família quando vai para o emprego todas as manhãs.

## QUANTAS HORAS VOCÊ TRABALHOU NA SEMANA PASSADA?

Faça as contas. Preencha as lacunas abaixo a fim de descobrir para quem está realmente trabalhando.

NA SEMANA PASSADA, TRABALHEI UM TOTAL DE —— HORAS.

GANHEI $ —— POR HORA (VALOR BRUTO).

NA SEMANA PASSADA, GUARDEI $ —— PARA A MINHA APOSENTADORIA.

ASSIM, NA SEMANA PASSADA, TRABALHEI —— HORAS PARA MIM MESMO.

Você estranhou a última frase? Está se perguntando: "Como assim, quantas horas trabalhei para mim mesmo na semana passada!"?

É muito simples. Para descobrir quantas horas trabalhou para você mesmo na semana passada, pergunte-se primeiro quanto dinheiro economizou então. Se a resposta for zero, então trabalhou zero hora para você mesmo. Mas se economizou alguma coisa, divida a quantia posta de parte para a sua aposentadoria por sua renda horária. Exemplo: se a sua renda bruta for de $25 por hora e você reservou $50, divida $50 por $25 e o resultado será dois — portanto, você trabalhou duas horas para você mesmo na semana passada.

A resposta obtida poderá dizer-lhe muita coisa a respeito do tipo de futuro que o espera. Sei, por experiência, que em geral as pessoas trabalham menos de uma hora semanal para si mesmas. E isso ainda não é tudo.

Consideremos alguém que ganhe $50.000 por ano.

UMA PESSOA QUE GANHA $50.000 POR ANO...
... ganha mais ou menos $1.000 por semana (levando em conta duas semanas de férias)
... ou mais ou menos $25 por hora (para uma semana de 40 horas).

Desse modo, quanto ela economizará semanalmente?

Como vimos (e a experiência dos McIntyres nos revelou), uma boa meta de poupança vai de 10 a 15% da renda bruta. Para simplificar, fiquemos numa média de 12,5%. Ora, 12,5% de $1.000 são $125 — ou seja, se você tiver uma renda bruta de $1.000 por semana, deverá economizar $125. Considerando-se uma semana de cinco dias, isso montará a $25 por dia.

Em suma, você economizará o equivalente a uma hora de sua renda diária.

Infelizmente, muita gente nem isso economiza. Segundo o Departamento de Comércio dos Estados Unidos, o americano médio poupa bem menos de 5% do que ganha. Ou seja, **a maioria das pessoas mal trabalha 22 minutos por dia para si mesmas.** E um em cada cinco trabalhadores não trabalha nada para si mesmo — quer dizer, não poupa nada.

## TRABALHE POR SEU FUTURO

Acho isso muito triste. Por que você deveria levantar-se cedo, deixar a sua família, passar a maior parte do tempo de vigília cuidando de negócios alheios e NÃO trabalhar sequer uma hora por dia para você mesmo? A resposta é: não deveria. E, se começar hoje, espero que não o faça mais.

O que acabo de dizer vai fazer você pensar. Talvez até o deixe louco. Provavelmente, estará matutando: "Sim, é loucura. Eu deveria de fato trabalhar mais horas para mim mesmo. Por que não uma hora? Por que não *uma hora e meia*? Por que não *duas horas*?"

O problema com a maioria dos planos e a educação financeira é que eles se concentram em números e não na vida das pessoas. Em vez de pensar unicamente em percentagens de renda, pense nas horas da sua vida. Quantas planeja reservar para si mesmo este ano, além das que destinará ao empregador, ao governo, ao cartão de crédito, ao banco e a todos quantos cobiçam uma parte do que você ganha? Quantas horas, esta semana, supõe você que o seu futuro valha? E hoje? **Quantas horas pretende gastar hoje trabalhando por seu futuro?**

Parece-me que não é muito reservar uma hora diária para obter um futuro brilhante. Se você ainda não está economizando essa parte de sua renda, vem trabalhando demais para os outros e pouco para si mesmo. Você merece coisa melhor.

## ENTÃO, COMECE

A minha sugestão é simples. A começar de hoje, você deverá trabalhar ao menos uma hora diária para você mesmo. Isso significa que terá de Pagar-se em Primeiro Lugar, com vistas ao futuro, investindo um mínimo de 10% de sua renda bruta no que chamaremos de fundo de investimento orientado à aposentadoria*.

É tudo o que precisará fazer (veja os detalhes operacionais no próximo capítulo).

- Decida Pagar-se em Primeiro Lugar com vistas ao futuro.
- Abra uma conta de aposentadoria.
- Deposite nela 10% de sua renda bruta.
- **Automatize o processo.**

## A COMEÇAR DE HOJE, ESTAREI TRABALHANDO PARA MIM MESMO

Você poderá pensar mais um pouco no assunto ou comprometer-se desde já no empreendimento. Eis o modo de garantir que vai entrar em ação. Após anos de experiência de primeira-mão com os leitores de meus livros em seminários, descobri que as pessoas que lançam por escrito os seus objetivos e projetos em geral realizam muito mais que aquelas que não o fazem. Portanto, com isso em mente, apanhe uma caneta e preencha o seguinte compromisso consigo mesmo — hoje, neste instante, AGORA.

---

* Fundo de investimento orientado à aposentadoria, como por exemplo o Plano Gerador de Benefícios Livres (PGBL), cujo modelo foi inspirado no plano 401(K) dos EUA, ou ainda o Plano Vida Gerador de Benefício Livre (VGBL). (N.R.)

**PGBL:** é indicado para quem contribui para o INSS e faz a declaração do Imposto de Renda no modelo completo. Nele, o que você investir até o limite de 12% da sua renda bruta anual tributável poderá ser deduzido da base de cálculo do seu Imposto de Renda.

**VGBL:** é o plano indicado para quem declara o Imposto de Renda no modelo simplificado ou é isento. É o ideal também para quem quer melhorar a sua aposentadoria e contribuir com mais que os 12% da renda bruta anual tributável.

**Atenção:** a tributação do Imposto de Renda ocorre no momento do recebimento da renda ou resgate com base no regime de tributação escolhido pelo investidor, de acordo com a legislação vigente na época do pagamento. No PGBL o Imposto incide sobre o valor total e, no VGBL, somente sobre o ganho de capital.

**PROMESSA DO MILIONÁRIO AUTOMÁTICO**

Eu, ________________________ [escreva o seu nome], por este documento, prometo que, a partir desta semana, trabalharei pelo menos uma hora diária para mim mesmo, uma vez que o mereço.

Prometo, em conseqüência, que começarei pagando a mim mesmo ________% da minha renda bruta no dia ________ [coloque a data].

Assinado: ____________________

## NÃO HÁ PROBLEMA!

Digamos que, amanhã, você comece a ter 10% de sua renda bruta deduzida automaticamente de seu contracheque e depositada num fundo de investimento orientado à aposentadoria. (Não se preocupe com a operação; logo falaremos disso.) Em resultado de um processo simples, automático, você acumulará mais fortuna que 90% da população. Isso mesmo: Pagar-se em Primeiro Lugar com apenas 10% de sua renda poderá ajudá-lo a obter uma fortuna imensa.

Qual é o problema? Bem, para algumas pessoas, é a idéia de não ter os 10% para guardar. Mas onde está, realmente, a dificuldade? Pense de novo no Fator Café. Recorramos outra vez ao exemplo de alguém que ganha $50.000 por ano. Se esse for o seu salário anual e você retirar 10% de cada contracheque antes da "mordida" do governo, no final do ano terá economizado $5.000.

No entanto, se nada guardar no curso do ano e esperar até dezembro para conseguir esse dinheiro, qual a probabilidade de que tenha $5.000 esperando por você em algum lugar? Nenhuma. Mas se se paga primeiro, não precisa esperar. Os 10% são retirados de seu contracheque e investidos automaticamente antes mesmo que você os veja. Não poderá gastar o que não tem, certo?

Quanto, então, isso lhe custará dia após dia?

Vejamos. Uma renda anual de $50.000 equivale a cerca de $4.200 por mês, ou seja, pouco mais de $2.000 a cada duas semanas. Assim, para economizar 10% disso, você precisa pôr de parte cerca de $200 a cada duas semanas — ou $14 por dia.

Vejamos agora quanto lhe custará não pagar-se em primeiro lugar. Se você investisse apenas $200 a cada duas semanas, durante 35 anos, numa conta de aposentadoria com juros anuais de 10%, quanto teria?

Resposta: mais de um milhão. *Muito* mais, na verdade.

**O número exato é $1.678.293,78.**

É o que lhe custará *não* pagar-se em primeiro lugar.

## NÃO DÓI NADA

Ao ler isso, muitas pessoas dirão: "Reservar catorze dólares por dia? Está brincando? Não há como eu economizar catorze dólares por dia".

Se você for uma dessas pessoas, não se preocupe. Trata-se de uma reação absolutamente normal. Continue lendo.

No próximo capítulo, verá que economizar essa quantia é bem mais fácil e indolor do que pensa. Para os impacientes, aqui vai uma mostra da explicação: se você puser o dinheiro num fundo de investimento orientado à aposentadoria (isso você aprenderá daqui a algumas páginas), a economia de $14 diários na verdade reduz a sua renda disponível em apenas $10 por dia. Não se preocupe se isso por enquanto não faz sentido. O capítulo seguinte esclarecerá tudo.

## A FÓRMULA "PAGUE-SE EM PRIMEIRO LUGAR"

No curso dos anos, tenho recebido numerosas mensagens eletrônicas pedindo-me uma fórmula para o Pague-se em Primeiro Lugar. "Serão suficientes 10%?", perguntam-me. "Ouvi dizer que devo economizar 12%. Não seria melhor um pouco mais? Que acontecerá se eu poupar 15% de minha renda?"

Portanto, eis a fórmula que atualmente uso. A vida de cada um é diferente, mas o que se segue lhe dará uma idéia do que fazer.

Para ser...

**Falido.** Não se pague em primeiro lugar. Gaste mais do que ganha. Faça empréstimos no cartão de crédito e vá rolando a dívida.

**Pobre.** Pense em pagar-se em primeiro lugar, mas não o faça. Gaste tudo o que ganha no mês e não poupe nada. Continue dizendo a si mesmo: "Algum dia...".

**Classe Média.** Pague-se em primeiro lugar de 5 a 10% de sua renda bruta.

**Classe Média Alta.** Pague-se em primeiro lugar de 10 a 15% de sua renda bruta.

**Rico.** Pague-se em primeiro lugar de 15 a 20% de sua renda bruta.

**Rico o Bastante para Aposentar-se Cedo.** Pague-se em primeiro lugar pelo menos 20% de sua renda bruta.

## E ISSO É TUDO?

Falando francamente, nem todos ficam entusiasmados com a idéia de Pagar-se em Primeiro Lugar. Na verdade, ela enfurece algumas pessoas. Você pode ser uma delas. A sua cabeça pode estar cheia de motivos para não pagar-se em primeiro lugar. Talvez esteja pensando neste instante: "Preciso de muito mais que isso. Qual o segredo da riqueza? Que ações ou fundos de investimento mútuo tomarão conta de mim? Como conseguirei 10% ao ano sobre o meu investimento? Essa época já não passou? Como comprarei propriedades sem dinheiro vivo? Eis aí o tipo de conselho de que preciso".

Por favor, acredite em mim. Nada o ajudará a enriquecer até você decidir pagar-se em primeiro lugar. Nada. Você poderá ler todos os livros, ouvir todas as fitas, comprar todos os produtos motivacionais, assinar todos os boletins — nada disso não o levará a parte alguma se você deixar que o governo e os demais dêem a primeira mordida em seu contracheque. **O alicerce do edifício da riqueza é o Pagar-se em Primeiro Lugar.**

Na página 55, você se comprometeu a Pagar-se em Primeiro Lugar. Agora, deverá tomar duas decisões.

1. COMO fará isso?
2. ONDE porá o dinheiro?

O próximo capítulo responderá a essas perguntas. Então, mãos à obra. A sua idéia mudou. Agora, o seu modo de agir irá mudar também. Você está pronto para tornar-se um Milionário Automático.

## PASSOS DE AÇÃO DO MILIONÁRIO AUTOMÁTICO

Caso você retenha uma única mensagem deste livro, que seja esta: **o segredo para promover uma mudança financeira duradoura é decidir Pagar-se em Primeiro Lugar e automatizar esse processo.** Se fizer apenas essas duas coisas, nunca mais terá de preocupar-se com dinheiro.

Parece simples? É porque é mesmo.

Rememorando os passos apresentados neste capítulo, eis o que deverá fazer agora mesmo para tornar-se um Milionário Automático. (De novo, vá eliminando os passos dados.)

- ❑ Esqueça os orçamentos.
- ❑ Esqueça os esquemas de enriquecimento rápido.
- ❑ Assuma o compromisso de Pagar-se em Primeiro Lugar.
- ❑ Decida se quer ser pobre, classe média ou rico, determinando a porcentagem correta para pagar-se em primeiro lugar.

Agora vire a página e aprenda a automatizar o processo.

CAPÍTULO 4

# AGORA, AUTOMATIZE O PROCESSO

Talvez você já tenha ouvido tudo isso antes e saiba quanto lhe custa *não* Pagar-se em Primeiro Lugar. Esse conhecimento não mudou a sua vida antes; por que então, agora, seria diferente? Bem, a diferença é a seguinte: agora você vai assumir o controle. Agora vai automatizar o processo.

Não há mais o que dizer sobre isso. A fim de tornar eficiente o ato de Pagar-se em Primeiro Lugar, **o processo tem de ser automático.** Não importa o que decida fazer com o dinheiro assim economizado — pô-lo numa conta de aposentadoria, transformá-lo em seguro, investi-lo num fundo qualquer, comprar uma casa, liquidar uma hipoteca ou pagar o cartão de crédito —, **você precisa de um sistema que não dependa de obediência a orçamentos nem de disciplina pessoal.**

Tendo por muitos anos trabalhado como consultor financeiro, posso lhe assegurar que os únicos planos exeqüíveis são os automáticos. Os clientes me diziam o tempo todo: “David, sou superdisciplinado. Preencherei mensalmente os cheques e os mandarei a você para que os invista”. Isso nunca ia adiante. Muitas pessoas pagam-se em primeiro lugar por três meses; algumas, por seis. Em nove anos, tive apenas um cliente que preenchia os seus cheques e era suficientemente disciplinado para persistir.

## COMO AGIRAM OS MILIONÁRIOS AUTOMÁTICOS

Jim e Sue McIntyre tornaram-se Milionários Automáticos estabelecendo um plano de Pagar-se em Primeiro Lugar que lhes garantia, automaticamente, uma poupança de 10% de sua renda, todo mês, por mais de trinta anos. Mas não começaram com 10%. Começaram com apenas 4%. Passaram em seguida a 5%. Um ano depois, a 7%. Levaram dez anos para chegar aos 10%. Mais tarde, decididos, resolveram aumentar a taxa para 15%.

O que possibilitou isso foi o fato de nunca precisarem preencher cheques. Uma vez que o seu plano era automático, não lhes exigia disciplina alguma. Não lhes tomava tempo. Não os obrigava, sequer, a pensar muito no assunto. Na verdade, a única decisão que precisaram tomar foi determinar a porcentagem de seu salário que desejavam pagar-se em primeiro lugar. Fizeram isso uma vez; o resto foi automático.

Como os McIntyres, eu também comecei gradualmente. Quando ouvi falar pela primeira vez desse conceito, fazia o que tanta gente faz: elaborava orçamentos, recriminava-me pelo fracasso e, no final do ano, tentava de todas as maneiras encontrar algum dinheiro para colocar nas minhas contas de poupança e aposentadoria... só para descobrir que outro ano viera e se fora sem que eu registrasse algum progresso financeiro.

Na realidade, comecei pagando-me apenas 1% da minha renda. Isso mesmo: 1%. Estava em plena casa dos vinte anos e queria estar certo de que o sacrifício não seria muito grande. Três meses depois, concluí que 1% era muito fácil e aumentei a taxa para 3%.

Foi por essa época que conheci os McIntyres e disse a mim mesmo: "Quero começar cedo e acabar rico".

Depois do nosso encontro, dei um telefonema e aumentei a taxa para 10%. No ano seguinte, aumentei para 15%. Hoje, a minha esposa Michelle e eu tentamos pagar-nos os primeiros 20% de nossa renda bruta. Pode parecer muito, mas como trabalhamos por isso aos poucos, ao longo de quinze anos, o fato se tornou "normal" para nós.

Não estou contando a minha história para me gabar. Conto-a porque, se você ainda não está se pagando em primeiro lugar, provavelmente é por achar que não pode permitir-se tanto — e sei bem como é isso. *Eu também pensava o mesmo.* Mas posso dizer-lhe, com base na minha experiência, que se você decidir Pagar-se em Primeiro Lugar e automatizar o processo, a coisa estará feita — e, já nos primeiros três meses, nem pensará mais no assunto. Descobrirá, espantado, que é fácil aprender a viver com um pouquinho menos. E tudo se torna mais fácil com o correr do tempo. Por quê? Porque, sem perceber, terá milhares e milhares de dólares em poupança. O que possibilita isso é muito simples: você não pode gastar o que não tem no bolso.

Assim, se concluir que só poderá poupar 1% da sua renda bruta, ótimo — vá em frente e comece logo. Esse pequeno passo mudará os seus hábitos e automatizará a economia, colocando-o num caminho que o tornará rico.

## SUA PRIORIDADE: ADQUIRA UM FUTURO SEGURO

Sei que você já está motivado a agir. Já descobriu qual é o seu Fator Café. Calculou quantas horas por dia trabalha para você mesmo. E comprometeu-se, por escrito, a trabalhar pelo menos uma hora em proveito próprio. É, pois, tempo de assegurar-se o futuro de Milionário Automático a que aspira. Vamos em frente.

De que modo terá um futuro financeiro garantido? Muito simples. Basta adquiri-lo. Você decidirá, ainda hoje, que nunca dependerá financeiramente do governo, do empregador ou de sua família para gozar de uma aposentadoria livre de stress. Você será uma dessas pessoas que fazem o que querem quando bem entendem.

O modo de consegui-lo é comprometer-se a investir, *em seu futuro*, o dinheiro que decidiu pagar a você mesmo. Pagar-se em Primeiro Lugar com vistas ao futuro é a grande prioridade do Milionário Automático. Envolve a criação de um sistema que abastecerá automaticamente a sua conta de aposentadoria. Nas páginas seguintes, explicarei em pormenor o que você deverá fazer.

## SE VOCÊ JÁ TEM UM PLANO DE APOSENTADORIA, USE-O!

Se você for um empregado, trago-lhe boas notícias: há grandes chances de que o que virá a seguir seja FÁCIL. Digo isso porque centenas de milhares de companhias nos Estados Unidos oferecem a empregados os chamados planos de previdência privada aberta. Esses planos permitem que você contribua com o seu próprio dinheiro para a conta de aposentadoria *sem precisar pagar impostos.**

O plano de previdência privada mais comum nos EUA é o chamado plano 401(k), considerado a "mãe" de todas as contas desse tipo. Se você

* No Brasil, as contribuições podem ser deduzidas do Imposto de Renda até o limite de 12% da renda bruta. (N.R.)

trabalha para uma organização sem fins lucrativos, como escola ou hospital, tem à disposição um plano similar, o 403(b). (Os números e as letras referem-se a partes do código de taxas que estabeleceu esses diversos planos de aposentadoria.) Em suma, ambos os planos oferecem as mesmas oportunidades.

Há várias razões principais para você não perder a chance de aderir a um deles, se se enquadrar nas exigências.

- Não pagará Imposto de Renda sobre o dinheiro aplicado no plano nem sobre os juros que ele renderá com o passar dos anos — nem um centavo até sacá-lo.
- Poderá dispor as coisas de modo que as contribuições sejam automaticamente deduzidas de seu pagamento.
- É grátis (muitos empregadores oferecem esses planos aos empregados sem cobrar-lhes nada).
- Poderá até ganhar DINHEIRO do empregador (muitas companhias se oferecem para pagar parte da contribuição do empregado).
- Contribuindo para o plano a cada contracheque, você gozará dos benefícios miraculosos dos juros capitalizados.

## A VANTAGEM DE SER PAGO ANTES DO GOVERNO

Como vimos no capítulo anterior, o governo normalmente leva 30 centavos de cada dólar que ganhamos, antes mesmo de pormos a mão no dinheiro, deixando-nos com apenas 70 centavos. Mas, quando contribuímos para um plano de previdência privada aberta com dedução de IR, conseguimos fazê-lo com o dólar integral. Então, o governo é que é passado pra trás. Eis o que dá a investimentos dedutíveis de impostos uma tremenda vantagem sobre investimentos comuns. A tabela da página ao lado mostra isso.

Quanto gostaria de ter após um ano — $1,10 ou 77 centavos? Não há o que discutir. Mas espere — a coisa pode ser ainda melhor. Muitas companhias oferecem-se para colaborar com uma porcentagem das contribuições do empregado para a aposentadoria. Se a sua for uma delas, você irá ainda mais longe.

**Pense nisto: $1,38 *versus* 77 centavos.** Você terá um aumento de quase 100% em sua poupança líquida simplesmente aplicando numa conta de aposentadoria com dedução de IR! É muito — e apenas no primeiro ano.

Examine o gráfico da página 64 para descobrir o que acontecerá se você fizer isso ao longo dos anos, com dinheiro real.

**A VANTAGEM DO INVESTIMENTO DEDUTÍVEL DE IMPOSTOS**

| | Plano de Aposentadoria 401 (k) (no Brasil, o equivalente é o PGBL) | Investimento Normal (com Impostos) |
|---|---|---|
| Renda bruta | $1,00 | $1,00 |
| Menos impostos | -0 | -30% |
| Quantia disponível para investimento | $1,00 | $0,70 |
| Mais juros anuais | +10% | +10% |
| **Balanço após um ano** | **$1,10** | **$0,77** |
| Ganhos tributáveis? | Não | Sim |

**AS VANTAGENS DA PARTICIPAÇÃO DO EMPREGADOR**

| | Plano de Aposentadoria 401 (k) (Impostos Dedutíveis e com Participação do Empregador) | Investimento Normal (com Impostos) |
|---|---|---|
| Renda bruta | $1,00 | $1,00 |
| Menos impostos | -0 | -30% |
| Quantia disponível para investimento | $1,00 | $0,70 |
| Participação típica do empregador | +25% | 0 |
| Quantia investida | $1,25 | $0,70 |
| Mais juros anuais | +10% | +10% |
| **Balanço após um ano** | **$1,38** | **$0,77** |
| Ganhos tributáveis? | Não | Sim |

## ENTRE NO JOGO

Os planos de previdência privada aberta com dedução de IR são o ponto de partida da riqueza. No entanto, segundo uma pesquisa feita em novembro de 2002 pela PlanSponsor.com, um em cada quatro trabalhadores americanos credenciados para planos de previdência deixou de fazê-lo. Quando se trata de assegurar o próprio futuro, essas pessoas nem sequer entram no jo-

**Veja a Diferença que um Investimento Dedutível de Impostos Pode Fazer!**

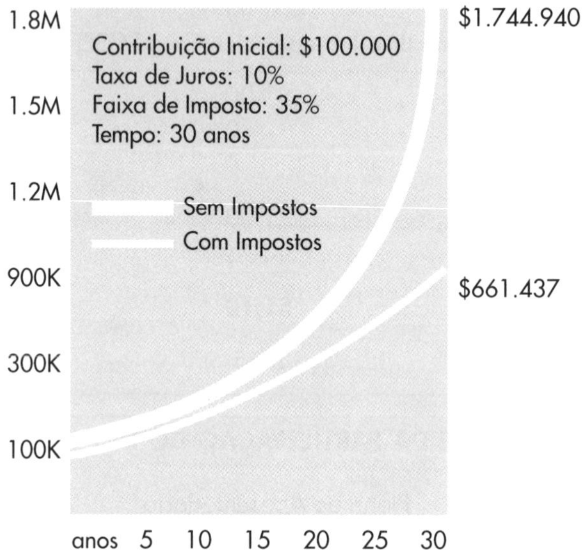


| **Diferença de Massa Crítica** | **$1.083.503** |
|---|---|

*A isenção de impostos faz o dinheiro crescer.*

**Transforme o Crescimento em Renda**

| De | Com Impostos | Sem Impostos |
|---|---|---|
| Acumulação | $661.437 | $1.744.940 |
| Taxa de Juros | 10% | 10% |
| Ganhos Anuais | $66.143 | $174.494 |
| Faixa de Imposto | 35% | 35% |
| **Renda Anual** | **$42.993** | **$113.422** |

*O crescimento sem impostos produz mais renda.*

No Brasil, com os novos planos PGBL e VGBL, novas formas de tributação surgiram para incentivar a aplicação a longo prazo.

**Entenda as tabelas**
Novas formas de tributação dos planos

**Tributação regressiva**
Quanto os planos de previdência recolhem de imposto no novo sistema

| **Período de acumulação de recursos** | **Alíquota regressiva** |
|---|---|
| Igual ou inferior a 2 anos | 35% |
| Acima de 2 anos até 4 anos | 30% |
| Acima de 4 anos até 6 anos | 25% |
| Acima de 6 anos até 8 anos | 20% |
| Acima de 8 anos até 10 anos | 15% |
| Superior a 10 anos | 10% |

**Tributação progressiva**
Único regime fiscal existente para os planos de previdência até dezembro de 2004

| **Base de cálculo anual (em R$)** | **Base de cálculo mensal (em R$)** | **Alíquota progressiva (%)** | **Parcela a deduzir da base mensal (em R$)** |
|---|---|---|---|
| Até 13.968,00 | Até 1.164,00 | Isento | Isento |
| De 13.968,00 até 27.912,00 | De 1.164,00 até 2.326,00 | 15,0 | 174,60 |
| Acima de 27.912,00 | Acima de 2.326,00 | 27,5 | 465,35 |

**A partir de 01/01/05, os valores resgatados passam a ter 15% de imposto retido na fonte**

*Fonte: Receita Federal e Lei 11.053/04*

go. Ficam assistindo a ele. Se você for uma delas, procure hoje mesmo abrir uma conta. Ao terminar de ler o capítulo, ligue para o departamento competente de sua empresa e peça que lhe forneça os papéis necessários. Se a sua empresa for de grande porte, você talvez possa ter acesso a esse material *online*, entrando em seu *site*.

Muitas pessoas pensam equivocadamente que, pelo fato de sua empresa oferecer aos empregados planos de previdência privada fechada, elas estão automaticamente incluídas neles. ISSO QUASE NUNCA ACONTECE. Na maior parte das firmas, se você não assinar o plano, não o terá.

## PREENCHA O FORMULÁRIO DE ADESÃO

Entre hoje mesmo em contato com o departamento competente de sua empresa e peça-lhe orientação sobre planos de aposentadoria*. Essa orientação já lhe deve ter sido dada quando você começou a trabalhar — mas, como o formulário era muito comprido, você o pôs de lado dizendo: "Estou ocupado agora. Mais tarde lerei".

Se fez isso mesmo, volte ao departamento e apanhe outro formulário. Pelo resto deste capítulo, vamos explicar exatamente o que você deverá fazer com essa vantagem oferecida por sua empresa.

## DETERMINE UMA PORCENTAGEM... E DEPOIS AUMENTE-A

Depois de assinar o formulário, você terá de decidir que porcentagem de sua renda irá depositar na conta de aposentadoria a cada pagamento. No formulário, encontrará um espaço onde autorizará o empregador a deduzir o dinheiro de seu contracheque e transferi-lo para a conta. A maioria dos formulários pergunta se você deseja deduzir porcentagem ou quantia fixa. Se puder, *escolha sempre a porcentagem*. Desse modo, quando tiver aumento salarial, a quantia depositada também aumentará automaticamente.

Como já vimos, você deveria tentar economizar o equivalente a pelo menos uma hora de sua renda, todos os dias. Em bases percentuais, isso se aproxima de 10% de sua renda bruta.

Vimos ainda que é bom começar aos poucos, economizando uma pequena porcentagem no começo e avançando consistentemente para o patamar que deseja atingir. Assim, conforme eu expliquei, mesmo que você achar 1% o máximo ao seu alcance, que isso não o detenha. Qualquer coisa é melhor que nada.

---

* No Brasil, nos planos de previdência privada fechada, as empresas podem deduzir do salário um percentual e creditar no fundo da empresa dentro do limite solicitado pelo empregado. (N.R.)

Ao mesmo tempo, porém, tente ser ambicioso. Afinal, é do seu futuro que estamos falando. Não importa a quantia que você acha que pode destinar a Pagar-se em Primeiro Lugar em prol do seu futuro — aumente-a. Se achar que pode guardar 4%, guarde 6%. Se achar que pode guardar 10%, guarde 12%. De modo geral, tendemos a subestimar a quantia que julgamos ao nosso alcance, e somos mesquinhos com nós mesmos e com o nosso futuro.

## É MAIS FÁCIL DO QUE VOCÊ PENSA

Na verdade, o desconto anual costuma ser menos doloroso do que se pensa. Para entender isso, considere a história que Jim e Sue McIntyre me contaram sobre a sua filha mais velha, Donna, e o marido dela, Mark. Inspirada pelo exemplo de Pagar-se em Primeiro Lugar, que lhe deram os pais, Donna decidiu juntamente com Mark que depositaria 10% da renda bruta do casal num fundo de investimento orientado à aposentadoria. Uma vez que ambos ganhavam anualmente cerca de \$50.000, isso significava depositar \$5.000 por ano.

Mark, certamente, gostava da idéia de um futuro garantido, mas achava o plano de Donna um pouco maluco. "Estamos vivendo entre um contracheque e outro", disse-lhe ele. "Não há meio de economizar essa quantia. Seria o mesmo que um corte salarial de \$5.000 anuais."

"Mas não haverá um corte de \$5.000", replicou Donna. "Essa é a melhor parte do investimento diferido de impostos."

"Está me dizendo que podemos economizar \$5.000 por ano sem cortar essa quantia do nosso salário?", retrucou Mark.

"Exatamente", disse Donna.

Mark revirou os olhos. "Quero ouvir isso", murmurou.

Donna precisou de algum tempo para explicar-lhe tudo, mas no fim ele já estava disposto a fazer uma tentativa. Espero que o mesmo aconteça com você. Eis o que ela lhe disse.

"Normalmente, ganhamos cerca de \$50.000 por ano, certo?"

Mark concordou.

"Errado. Os nossos impostos giram em torno de 30%, de modo que na verdade trazemos para casa apenas \$35.000, mais ou menos. Então, se deduzirmos \$5.000 por ano, reduziremos a quantia para \$30.000, certo?"

Mark voltou a concordar, embora já sem a mesma convicção.

"Errado de novo. Lembre-se, estaremos nos pagando primeiro — *antes* de pagar o governo. Em outras palavras, os \$5.000 que economizaremos virão de cima. O que será reduzido será a nossa renda bruta, que cairá de \$50.000 para \$45.000."

"Mas são ainda \$5.000", protestou Mark.

"Ainda não acabei", explicou Donna. "Façamos as contas: $45.000 a 30% deixam-nos com uma renda de $31.500. Antes, eram $35.000. Temos agora $31.500, o que perfaz uma diferença anual de $3.500, NÃO de $5.000."

Mark olhou-a demoradamente, ruminando a idéia. "Ótimo", disse por fim, "economizamos $5.000, mas a nossa renda só diminui em $3.500."

"Correto", assentiu Donna. "E sabe quanto é isso? Para nós dois, cerca de $290 por mês. Apenas $145 para cada um, ou seja, menos de $5 por dia. Acho que está ao nosso alcance, não?"

De fato, em poucos meses, Mark e Donna deixaram de reparar na diferença do dinheiro que levavam para casa. E a experiência deles foi absolutamente típica. Prometo-lhe: depois de começar a Pagar-se em Primeiro Lugar, em um mês já estará acostumado. Por única diferença, você vai se sentir bem, sabendo que está a caminho de tornar-se um Milionário Automático. E essa mudança na vida financeira acabará por mudar o seu destino financeiro.

## MAXIMIZE

Se você aderiu ao plano de aposentadoria oferecido por sua firma, parabéns. Mas isso não basta. Agora precisa decidir quanto irá economizar — 4%? É o que a maioria das pessoas faz. Infelizmente, quase todas se aposentam pobres, dependentes da Previdência Social ou da família para sobreviver. Você não deve ser como a maioria.

Num mundo perfeito, o meio mais rápido de enriquecer é MAXIMIZAR O PLANO. Isso significa aplicar o que o seu empregador lhe disser que é a maior contribuição permitida pelo plano. Eis o máximo nos termos da lei tributária atual nos EUA:

**LIMITES DE CONTRIBUIÇÃO DOS PLANOS 401(K), 403(B) E 457***

| Ano | Máximo Permitido (idade de 49 anos ou menos) | Máximo Permitido (idade de 50 anos ou mais) |
|---|---|---|
| 2002 | $11.000 | $12.000 |
| 2003 | $12.000 | $14.000 |
| 2004 | $13.000 | $16.000 |
| 2005 | $14.000 | $18.000 |
| 2006 | $15.000 | $20.000 |

Nota: Depois de 2006, os aumentos serão ajustados pela inflação em $500.

* Não há limites de contribuição no Brasil para o empregado e cada empregador define o seu critério, mas para efeitos de diferimento do IR o limite é de 12% do total de renda bruta anual, sujeita a recolhimento de Imposto de Renda. (N.R.)

Embora você possa usar essa tabela como orientação, convém consultar a sua empresa. Se ela oferecer uma taxa baixa de participação (significando isso que os seus colegas de trabalho não estão se pagando em primeiro lugar), a sua contribuição máxima talvez seja menor. Por isso, não tente adivinhar: consulte o departamento competente da sua empresa *hoje mesmo*. E volte a consultá-lo todos os meses de janeiro, para tirar vantagem de possíveis aumentos.

## O MAIOR ERRO DE INVESTIMENTO QUE VOCÊ PODE COMETER

A decisão financeira mais importante que você pode tomar é Pagar-se em Primeiro Lugar automaticamente, usando a conta de aposentadoria. Afora comprar uma casa (assunto sobre o qual logo falaremos), essa decisão poderá, mais que qualquer outra, determinar se você será rico ou não.

Com isso em mente, não é difícil adivinhar qual o maior erro de investimento que você pode cometer: não aderir ao plano e não maximizá-lo.

**Pessoas que não levam a sério o enriquecimento dizem coisas assim:**

- "Não posso permitir-me economizar mais que 4% da minha renda."
- "A minha esposa já tem um plano, por isso não preciso do meu."
- "A minha firma não contribui para aposentadorias, por isso não vale a pena aderir ao plano."
- "Investir em ações é bobagem."
- "Economizarei mais no futuro."

**Mas as pessoas que levam a sério o enriquecimento dizem:**

- "Não importa o que aconteça, vou pagar-me em primeiro lugar."
- "Vou pagar a mim mesmo pelo menos 10% da minha renda e tentar contribuir com o máximo para o meu fundo de investimento."
- "Insistirei para que a minha esposa faça o mesmo."
- "Quando o mercado de ações está em baixa, posso comprar títulos mais baratos... o que é uma boa coisa."
- **"Sei que o dia de economizar para amanhã é hoje!"**

## OS AMIGOS DE JIM E SUE: UMA DIFERENÇA DE $500.000!

Se você acha que estou sendo repetitivo ao discorrer sobre a importância de maximizar o plano de aposentadoria, reflita sobre uma história que Jim e Sue me contaram sobre dois casais de suas relações. A história me impressionou tanto que venho repetindo-a há anos.

O primeiro casal, Marilyn e Robert, passou trinta anos concentrando os seus esforços de aposentadoria na conta de Robert. Quando o empregador de Robert, uma companhia petrolífera, começou a oferecer o plano 401(k), que permitia aos funcionários pôr de parte até 15% de sua renda, Robert e Marilyn acharam que ele devia participar, mas não sabiam se seria possível fazer tamanho desconto em seu contracheque. Por fim, Jim McIntyre esclareceu as coisas. "Robert", disse ele, "vocês *não* podem perder essa oportunidade. Façam o sacrifício agora e ficarão satisfeitos mais tarde." Com esse bom conselho soando-lhe aos ouvidos, Robert optou pela contribuição máxima de 15%.

## "ALGUM DIA" NÃO CHEGA NUNCA

Ao mesmo tempo, os melhores amigos de Robert e Marilyn, Larry e Connie, viam-se às voltas com o mesmo problema. O emprego de Larry era parecido com o de Robert e ambos ganhavam praticamente o mesmo. Larry e Connie, porém, tomaram uma decisão diferente. Depois de muita discussão, resolveram-se por apenas 6% da renda de Larry. Achavam, pura e simplesmente, que não podiam permitir-se mais que isso. Pensavam em aumentar a porcentagem no futuro... quando as coisas ficassem mais fáceis.

Vinte rápidos anos depois, quando Robert e Larry estavam na casa dos cinqüenta anos, foram ambos despedidos. Para Robert e Marilyn, isso não constituiu nenhum drama. De qualquer modo já estavam prontos para se aposentar e sabiam ter economizado o suficiente para fazê-lo comodamente. Com efeito, em resultado de ter maximizado a sua contribuição, Robert tinha mais de $935.000 no fundo 401(k).

Larry e Connie não estavam em tão boa situação. Ele nunca conseguira aumentar a sua porcentagem e só possuía cerca de $450.000 no fundo 401(k) — quase $500.000 a menos que Robert. Larry e Connie ainda assim podiam aposentar-se; mas, daí por diante, não viveriam tão confortavelmente quanto Robert e Marilyn.

Você deve aprender com o exemplo de Larry e Connie. Não cometa o erro que eles cometeram. Maximize a sua contribuição para a aposentadoria agora mesmo. *Faça apenas isso e mudará para melhor o seu futuro financeiro — é garantido.*

## AUTOMATIZAÇÃO MAIS JUROS CAPITALIZADOS É IGUAL A RIQUEZA

Afora as isenções de impostos, afora o "dinheiro grátis" a ganhar de um empregador que também contribua, a maior razão pela qual o fato de você se pagar em primeiro lugar num fundo de investimento orientado à aposentadoria representa um modo eficaz para enriquecer é **a automatização** do processo. Uma vez assinado o formulário de adesão na firma, pronto. Não precisará fazer mais nada. As contribuições serão automaticamente deduzidas de seu salário e automaticamente aplicadas no fundo de investimento. Dado que o processo é automático, grandes são as chances de você continuar agindo assim por muito tempo. E, assim agindo, acabará por usufruir dos benefícios de um fenômeno matemático que muitas pessoas não entendem, mas poderão usar para enriquecer — o milagre dos juros capitalizados.

Vem a ser isto:

***Depois de algum tempo, o dinheiro aumenta.***
***Depois de muito tempo, aumenta assombrosamente!***

Não precisa acreditar em mim. Apenas examine a tabela seguinte, que ilustra como o milagre da capitalização pode transformar uma poupança relativamente modesta, mas constante, numa grande fortuna. Ela mostra quanto dinheiro poderá ganhar depositando $100 por mês em variados períodos de tempo e com diferentes taxas de juros.

Viu o que os juros capitalizados são capazes de fazer? No prazo de quarenta anos, um programa de poupança de $100 mensais irá custar-lhe o total de $48.000. No entanto, mesmo com uma taxa moderada de juros (digamos, 6% ao ano), você obterá $200.145 — mais de quatro vezes a quantia investida. E com uma taxa superior (12%), obterá nada menos que *25 vezes* a contribuição total.

## E SE A SUA FIRMA NÃO TIVER UM PLANO DE APOSENTADORIA?

Para começar, não desista. O fato de o seu empregador não oferecer um plano de aposentadoria não significa que você nunca será rico. Significa apenas que, para enriquecer, terá de mostrar-se um pouco mais empreendedor. Mas não se preocupe. Não precisará de mais que uma hora para fazer o que é preciso. E o que é uma hora? Nada, comparada ao tempo que a maioria de nós passa vendo televisão semanalmente. Mas poderá mudar a sua vida.

## AUMENTO DE POUPANÇA COM DEPÓSITO DE $100 POR MÊS

**Dependendo da taxa de juros, depositar apenas $100 mensais num fundo e deixá-los capitalizar-se pode gerar uma fortuna surpreendente**

| Taxa de Juros | 5 Anos | 10 Anos | 15 Anos | 20 Anos | 25 Anos | 30 Anos | 35 Anos | 40 Anos |
|---|---|---|---|---|---|---|---|---|
| $100/mês a 2% | $6.315 | $13.294 | $21.006 | $29.529 | $38.947 | $49.355 | $60.856 | $73.566 |
| $100/mês a 3% | $6.481 | $14.009 | $22.754 | $32.912 | $44.712 | $58.419 | $74.342 | $92.837 |
| $100/mês a 4% | $6.652 | $14.774 | $24.691 | $36.800 | $51.584 | $69.636 | $91.678 | $118.590 |
| $100/mês a 5% | $6.829 | $15.593 | $26.840 | $41.275 | $59.799 | $83.573 | $114.083 | $153.238 |
| $100/mês a 6% | $7.012 | $16.470 | $29.227 | $49.435 | $69.646 | $100.954 | $143.183 | $200.145 |
| $100/mês a 7% | $7.201 | $17.409 | $31.881 | $52.397 | $81.480 | $122.709 | $181.156 | $264.012 |
| $100/mês a 8% | $7.397 | $18.417 | $34.835 | $59.295 | $95.737 | $150.030 | $230.918 | $351.428 |
| $100/mês a 9% | $7.599 | $19.497 | $38.124 | $67.290 | $112.953 | $184.447 | $296.385 | $471.643 |
| $100/mês a 10% | $7.808 | $20.655 | $41.792 | $76.570 | $133.789 | $227.933 | $382.828 | $637.678 |
| $100/mês a 11% | $8.025 | $21.899 | $45.886 | $87.357 | $159.058 | $283.023 | $497.347 | $867.896 |
| $100/mês a 12% | $8.249 | $23.234 | $50.458 | $99.915 | $189.764 | $352.991 | $649.527 | $1.188.242 |

## ABRA, ESTA SEMANA MESMO, UM FUNDO DE INVESTIMENTO PESSOAL DE APOSENTADORIA*

Um IRA (*Individual Retirement Account*, Fundo de Investimento orientado à Aposentadoria Individual) é um plano pessoal de aposentadoria que todos quantos tenham uma renda podem abrir num banco, numa seguradora ou mesmo *online*. Como os planos 401(k) ou 403(b), o IRA não é em si um investimento. É antes uma reserva financeira na qual você pode depositar contribuições dedutíveis de impostos, recorrendo ao dinheiro com o qual se pagou em primeiro lugar. Quando você abre um IRA, decide de imediato quanto irá depositar. (Muitas pessoas investem o dinheiro de seu IRA num fundo mútuo. Veremos isso mais adiante.)

Há atualmente dois tipos de IRA que você deve examinar: o IRA tradicional e o Roth IRA. Continue lendo para descobrir por quê.

### IRA TRADICIONAL VERSUS ROTH IRA

A grande diferença entre o IRA tradicional e o Roth IRA reside no fato de você pagar ou não Imposto de Renda sobre o dinheiro de sua aposentadoria.

No IRA tradicional, você contribui com dólares não-tributados.[1] Todavia, embora não pague imposto sobre o dinheiro depositado na conta, terá

* No Brasil, há os fundos de investimentos orientados à aposentadoria para aqueles que não têm na empresa o fundo de previdência fechada ou que sejam autônomos, profissionais liberais, empresários. Dentre as opções há:
O Fundo de Aposentadoria Programada Individual — FAPI, criado em 24/07/97, cujo modelo foi inspirado no plano IRA — Individual Retirement Account — dos EUA, no qual o cliente é quotista de um fundo que administra sua poupança.
As contribuições ao FAPI, em conjunto com os abatimentos da previdência privada, podem ser deduzidos até o limite de 12% do rendimento bruto do contribuinte. No caso do FAPI, trata-se de diferimento, e não de isenção.
O Plano Gerador de benefícios Livres — PGBL, criado em 12/97, inspirado no plano 401 (k) dos EUA, sem garantia mínima de rendimento, permite ao cliente escolher o perfil de risco desejado em função de seu horizonte de investimento.
Tal como o FAPI, as contribuições ao PGBL, em conjunto com os abatimentos da previdência privada, podem ser deduzidas até o limite de 12% do rendimento bruto do contribuinte. Trata-se de diferimento, e não de isenção.
E ainda há o Plano VGBL — Vida Gerador de Benefício Livre, que se aplica àquelas pessoas que ficam dentro da faixa de isenção do recolhimento do IR ou que fazem a declaração pelo formulário simplificado. (N.R.)

1. O IRA tradicional não será dedutível se você estiver coberto por um plano do empregador. Para detalhes, consulte o #590 da IRS Publication.

de pagá-lo quando sacar qualquer quantia. E poderá sacar quando atingir a idade de 70 1/2.

Ocorre o contrário com o Roth IRA. Nele, você paga Imposto de Renda ao depositar. (Em suma, as suas contribuições não são dedutíveis.) Além disso, há limites de renda para quem pretende ter um Roth IRA.[2] A boa notícia com relação ao Roth IRA é que, se o dinheiro permanecer na conta por pelo menos cinco anos e você tiver mais de 59 1/2, não pagará imposto algum ao sacar. E, ao contrário do IRA tradicional, não será forçado pelo governo a começar a sacar com a idade de 70 1/2.

## COMO DECIDIR?

A escolha entre o IRA e o Roth IRA na verdade se resume à questão de saber se você deseja isenção de impostos antes ou depois.

Alguns especialistas dizem que sempre é melhor tirar vantagem das deduções prévias do plano IRA tradicional; outros preferem o Roth IRA porque, ao atingir a idade da aposentadoria, a pessoa terá uma renda isenta pelo resto da vida. Então, o que é melhor? — antes ou depois? No final das contas, tudo depende da faixa de imposto em que você incidirá ao aposentar-se, e isso nunca se pode saber ao certo. O senso comum diria que provavelmente essa faixa será menor, porquanto você já não estará trabalhando. Mas quem sabe quais serão, na época, as leis tributárias? Segundo a maioria das projeções por computador, se você estiver a pelo menos quinze anos da época em que planeja começar a sacar o dinheiro da conta de aposentadoria, faria melhor escolhendo o Roth IRA. No entanto, sem conhecer a sua situação pessoal, é difícil dizer *exatamente* qual plano seria melhor para você.

Quanto a mim, prefiro o IRA tradicional porque a isenção de impostos facilita a maximização do plano. Para contribuir com $3.000 no Roth IRA, você na verdade precisa economizar perto de $4.000, pois terá de pagar impostos sobre os seus ganhos antes de usá-los para fazer a contribuição. Entretanto, se acha que pode economizar o bastante para manter o Roth IRA — e ainda lhe faltam mais de quinze anos para a aposentadoria —, então esse plano é uma ótima escolha porque, ao aposentar-se, todo o dinheiro que retirar da conta estará livre de impostos! E, se não conseguir isenção de im-

2. Se você ganhar menos de $95.000 por ano ($150.000 em se tratando de casais), poderá contribuir com até $3.000 anuais. Se ganhar mais que isso, o montante da contribuição será reduzido. Se os seus ganhos chegarem a $110.000 por ano ($160.000 em se tratando de casais), não poderá ter um Roth IRA.

postos com o IRA tradicional por estar coberto por um plano do empregador, nem pense em IRA tradicional: vá direto ao Roth IRA.

Para mais informações, visite o *site* www.rothira.com. Ali encontrará uma ampla comparação entre as vantagens do IRA tradicional e do Roth IRA, além de *links* com muitos artigos e outros *sites* que tratam do assunto em detalhe.

## AUTOMATIZE O SEU FUNDO DE PREVIDÊNCIA

Muitas pessoas subestimam o que um IRA (Roth ou tradicional) pode fazer por elas. E isso porque não sabem como agir para tornar-se Milionários Automáticos: um IRA só funciona no mundo real se for **automatizado.**

Quando eu disse que você só precisa de uma hora para subscrever um IRA, incluí aí o tempo necessário para automatizar tudo. Também incluí o tempo gasto no trânsito e na espera telefônica. A papelada exigida para abertura e automatização de um IRA pode ser preenchida em menos de quinze minutos. Na verdade, é tão fácil quanto abrir uma conta corrente.

## ONDE ABRIR UM FUNDO DE APOSENTADORIA INDIVIDUAL

Existem literalmente centenas de bancos, seguradoras e companhias de fundos mútuos entre os quais você pode escolher para ajudá-lo a abrir uma conta de aposentadoria individual. Você pode usar grandes empresas que oferecem serviços *online* com suporte telefônico, que podem auxiliá-lo a automatizar o processo em minutos.

## VÁ A UMA SEGURADORA OU BANCO

Depois de entrar nos *sites*, talvez você prefira, em vez de usar o computador, ir ao próprio escritório da companhia para abrir a conta com um funcionário real. Não há nada de errado em pedir ajuda e muita gente prefere conversar pessoalmente.

No Brasil, escolher um plano de previdência que melhor se encaixe no seu perfil de investimento é fundamental. É preciso fazer uma radiografia de seus interesses, objetivos e perspectiva de renda. A orientação passa por quatro etapas. A primeira é definir qual a necessidade de renda complementar, que vai somar a outras rendas disponíveis, como aluguéis ou aposentadoria do INSS. Isso varia de acordo com a idade da pessoa, quando pretende se aposentar e a sua capacidade de desembolso. Para não ter problema com interrupções nos depósitos, o investidor também precisa considerar outros gastos antes de decidir qual o valor mensal de contribuição.

A segunda etapa é saber qual o seu perfil tributário e, assim, definir se entra num Plano Gerador de Benefício Definido (PGBL) ou num Vida Gerador de Benefício Livre (VGBL), no regime regressivo de alíquotas de Imposto de Renda ou se opta pela tabela progressiva de IR.

O mercado oferece ainda o Fundo de Aposentadoria Programada Individual (Fapi), que tem como objetivo a acumulação de recursos sem estabelecer um período para a contribuição. Não é, por isso, considerado um fundo de previdência privada, embora possa formar uma poupança a ser utilizada como aposentadoria no futuro. Criado em 1997, o Fapi começou a perder espaço no ano seguinte, com o surgimento do PGBL.

Na comparação com esse plano, o Fapi apresenta várias desvantagens, como a cobrança sistemática do Imposto de Renda sobre os rendimentos — não apenas no resgate, como o PGBL — e a incidência do Imposto sobre Operações Financeiras (IOF) na retirada do dinheiro. A tendência, segundo especialistas, é de que o Fapi seja extinto nos próximos anos.

A terceira etapa é o prazo, ou seja, saber qual o tempo que terá de acumulação. A última diz respeito à predisposição ao risco de volatilidade do rendimento. Existem planos conservadores, que investem 100% em renda fixa, moderados, quando uma pequena parte é aplicada em renda variável, e agressivos, cuja participação das ações pode ser de até 49%. Passando por essas etapas e estando bem orientado, o investidor terá condições de contratar o plano que irá maximizar o retorno a longo prazo. O investidor precisa estar ciente de que está aplicando a longo prazo.

Uma prática comum em mercados mais maduros é os jovens terem uma posição maior em ações e, à medida que se aproximam da aposentadoria, mudam para as aplicações em renda fixa. A mudança nas características de risco da aplicação pode ser a cada 60 dias.

As contribuições para os planos de previdência são aplicadas pelas operadoras nos chamados Fundos de Investimento Especialmente Constituídos (FIEs).

A rentabilidade varia de acordo com a composição da carteira desses fundos.

A escolha da instituição é outro fator importante. Portanto, antes de contratar um plano de previdência privada é fundamental avaliar itens como solidez financeira da empresa para não correr risco de falência.

## O QUE DIZER NO BANCO OU SEGURADORA

Quando você for a um banco ou seguradora para abrir um IRA, não deixe de dizer ao funcionário (ou ao atendente do telefone, caso esteja *online*) que quer fazer um *plano de investimento automático*. É um plano pelo qual o dinheiro passa automaticamente de uma outra conta que você possua (em geral, aquela onde o seu salário é depositado), em bases regulares, para o seu IRA.

## FAÇA UM PLANO DE INVESTIMENTO AUTOMÁTICO

### OPÇÃO 1: DEDUÇÃO NO SALÁRIO*

A melhor maneira de assinar esse plano é pedir ao seu empregador que faça a dedução em seu salário; assim, o dinheiro passa diretamente do contracheque para o fundo de previdência individual. Nem todos os empregadores concordam com isso. Mas se o seu concorda, dar-lhe-á um formulário para preencher com os dados de sua conta, necessários para se formalizar o débito (o que quer dizer que você deverá abrir um IRA, e fornecer ao empregador o número da conta e outras informações pertinentes). Alguns bancos, corretoras e seguradoras farão isso por você, entrarão em contato com o setor de pagamentos de sua empresa e prepararão toda a papelada.

### OPÇÃO 2: DEDUÇÃO NA CONTA CORRENTE

Se o seu empregador não oferece dedução no salário, peça-lhe que providencie depósito direto automático (a resposta quase sempre será sim). Isso significa que ele depositará o seu contracheque diretamente em sua conta corrente. Nesse caso, combine com o banco ou a seguradora para que o dinheiro passe automaticamente da conta corrente para a conta de aposentadoria. Sugiro que você faça isso toda vez que for pago — idealmente, um dia depois que o depósito em conta corrente for liberado.

Praticamente todos os bancos e seguradoras que oferecem fundos de previdência estão preparados para fazer esses arranjos para você. Alguns até telefonarão ao seu empregador em seu nome e ajudarão você a preencher os papéis que autorizarão a dedução automática no salário. Basta pedir. E, tudo pronto, não precisará pensar mais no assunto. Melhor ainda, a sua decisão não é definitiva. Em geral, poderá mudar o arranjo com um simples telefonema ou pedido por escrito. E não se esqueça de que muitos bancos, atualmente, oferecem pagamentos de contas *online*, o que lhe permite "autopagar" um cheque a quem você designar. Isso agilizará em muito o seu plano de investimento.

---

* O equivalente no Brasil é o PGBL, e a dedução no salário a pedido do empregado também somente é possível quando o empregador concordar em fazê-lo. (N.R.)

## OUTRA MANEIRA INCRIVELMENTE SIMPLES DE AUTOMATIZAR TUDO

A tecnologia moderna da Internet torna incrivelmente simples o chamado "pagamento de contas *online*". Como o nome revela, você poderá pagar todas as suas contas pelo computador. Depois de abrir uma conta de pagamentos *online*, os seus débitos vão diretamente para a prestadora do serviço, que os confere e transmite a você também *online*. Tudo o que terá a fazer depois será apertar uma tecla. Os fundos para cobrir cada débito são retirados automaticamente de sua conta corrente. O melhor desse serviço é que você poderá usá-lo para mandar dinheiro a quem quiser, automaticamente. Digamos que queira depositar em sua conta de aposentadoria $50 por semana: o pagamento de contas *online* providenciará isso pontualmente sem que você precise fazer coisa alguma além de solicitar o serviço. (No Brasil, as instituições financeiras estão muito bem equipadas para esta prestação de serviços de pagamentos *online*.)

Hoje, você dispõe de serviços de pagamento de contas *online* na maioria dos bancos e corretoras. Em muitos casos, esse sistema automatizado faz os seus pagamentos gratuitamente.

## QUANTO DEVEREI ECONOMIZAR?

Em comparação com os planos 401(k) ou 401(b), não custa muito automatizar um IRA. Em 2003, a contribuição máxima era de $3.000 para pessoas com menos de cinqüenta anos. (Acima dessa idade, $3.500.) Isso montava a apenas $250 por mês ou menos de $12 por dia de trabalho. Se você não ganhar menos que $12 por hora, não há razão para deixar de maximizar a contribuição. Lembre-se: supõe-se que você esteja trabalhando ao menos uma hora diária para si mesmo.

## SERÁ QUE POSSO MESMO FICAR RICO ECONOMIZANDO APENAS $3.000 POR ANO?

Reservar $3.000 por ano pode não parecer muito, mas convém não esquecer o milagre dos juros capitalizados. Se, com a idade de vinte e cinco anos, você começar a depositar $250 por mês (ou $3.000 por ano) num IRA que assegure juros anuais de 10%, com sessenta e cinco anos terá perto de $1,6 milhão. Mesmo esperando até os quarenta para começar, terá ainda uma bela soma: mais ou menos $335.000.

Obviamente, quanto mais cedo começar, mais facilmente acumulará uma grande fortuna. E nunca é tarde para começar. O momento é agora. Algum dinheiro é melhor do que nenhum. (Reveja o gráfico da página 72.)

| LIMITES DE CONTRIBUIÇÃO PARA OS IRAs TRADICIONAL E ROTH | | |
|---|---|---|
| Ano | Máximo Permitido (49 anos ou menos) | Máximo Permitido (50 anos ou mais) |
| 2002 | $3.000 | $3.500 |
| 2003 | $3.000 | $3.500 |
| 2004 | $3.000 | $3.500 |
| 2005 | $4.000 | $4.500 |
| 2006 | $4.000 | $4.500 |
| 2007 | $4.000 | $4.500 |
| 2008 | $5.000 | $6.000 |

Nota: Depois de 2008, os aumentos serão reajustados pela inflação em $500.

## MELHOR AINDA SE VOCÊ FOR AUTÔNOMO

Se você for autônomo, tenho algo a dizer-lhe: parabéns! Os pequenos negócios, na realidade, alimentam a nossa economia; são o motor que aciona o crescimento econômico. Reconhecendo isso, o governo proporciona aos pequenos empresários as melhores deduções tributárias quando se trata de contas de aposentadoria.

Existem inúmeros tipos de contas de aposentadoria à disposição dos autônomos. Uma vez que este livro pretende induzi-lo a entrar em ação rapidamente, só examinarei duas delas: a SEP IRA, que considero a mais objetiva e descomplicada para os autônomos, e a novíssima One-Person 401(k) Profit Sharing Account, que é realmente ótima.

## AS ALEGRIAS DAS SEP IRAs

O SEP de "SEP IRA" significa Simplified Employee Pension [Pensão de Empregado Simplificada], também conhecida como conta de aposentadoria de autônomo. Em conseqüência das mudanças na lei tributária, de 2002 nos EUA, esses planos são de fato atraentes. Hoje, você pode contribuir com até 25% de sua renda bruta para uma SEP IRA, num valor máximo de mais de $40.000 anuais (a quantia é ajustada pela inflação todos os anos). O que significa isso para o seu projeto de Pagar-se em Primeiro Lugar?

Se você for um pequeno empresário e não tiver empregados, corra — não ande — para a corretora ou banco mais próximo e abra ainda hoje uma conta SEP IRA. A única parte um pouquinho complicada do processo é fazê-lo funcionar automaticamente. Isso acontece porque você, como autônomo, provavelmente não percebe um salário fixo. Mas, como no caso dos outros planos de aposentadoria aqui discutidos, a chave para fazer este funcionar é a automação; portanto, vale a pena examinar como consegui-lo.

Eis o que fazer:

**Se você percebe salário fixo.** Elabore um sistema de pagamento que transfira automaticamente as contribuições para o seu SEP IRA. Isso será mais fácil se você recorrer a uma empresa de pagamentos. Tal qual sucede com os outros planos, a idéia é Pagar-se em Primeiro Lugar o equivalente a 10% da renda — ou mais, se você quiser ser realmente rico. (Lembre-se, as regras da SEP IRA permitem que se chegue a 25%.)

**Se você não percebe salário fixo.** Muitos autônomos pagam todas as despesas de seu negócio antes de retirar para si mesmos um salário ou bônus. Se é isso o que você faz, cuide para, toda vez que retirar dinheiro do negócio, canalizar logo 10% para a SEP IRA. Como isso é difícil, se não impossível, de automatizar, recomendo-lhe que tente pagar-se algum tipo de salário apenas para não ter de pensar em abastecer o fundo. Espero que você já saiba: os processos automáticos sempre funcionam. Os outros, quase nunca.

## O NOVÍSSIMO PLANO ONE PERSON 401(K)/PROFIT-SHARING

Esse novo plano é de fato surpreendente. Em conseqüência das mudanças nas leis tributárias, de 2002, você pode agora ter um plano 401(k) para autônomos a um custo de apenas $150. Pode, pois, depositar nele até 100% dos primeiros $3.000 ganhos em 2004 (mais que isso nos próximos anos). Acima de tudo, pode usar a quota de participação nos lucros do plano para contribuir com mais 25% de sua renda. O total combinado que você podia aplicar em 2002 era $40.000. (Esse valor passou a ser reajustado pela inflação a partir de 2003.)

Faça as contas. Digamos que, como autônomo, você ganhou $50.000. Com um plano One-Person 401(k)/Profit-Sharing, poderá depositar os primeiros $12.000 que ganhou na conta 401(k) e depois mais $12.500 na quota de participação nos lucros. Isso dá um total de $24.500 em poupança dedutível de impostos — de uma renda de $50.000! Eis por que os autônomos podem enriquecer mais depressa que os empregados. Se você recorrer aos serviços de uma empresa de pagamentos, peça-lhes detalhes, pois agora elas estão disponibilizando esses planos. Além disso, muitas companhias financeiras, inclusive as de fundos mútuos, logo farão o mesmo (se ainda não o fazem), por isso você deve consultá-las também.

Entre as empresas que poderá contatar a fim de obter detalhes sobre esses atraentes planos novos estão a Aim Funds (www.aimfunds.com), a John Hancock Funds (www.jhancock.com) e a Pioneer Funds (www.pioneerfunds.com). Na maioria dos casos, você só gastará $150 para fazer um desses planos. A minha esposa, Michelle, e eu fizemos um deles para o nosso negócio em 2002 e só precisamos de vinte minutos para assiná-lo e automatizá-lo*.

## COMO, ENTÃO, DEVEREI INVESTIR O DINHEIRO DA MINHA APOSENTADORIA?

Agora que passamos em revista os diferentes tipos de contas de aposentadoria disponíveis, vejamos o que fazer com o dinheiro a ser depositado. Quer você subscreva um plano 401(k), como empregado, ou um IRA ou SEP IRA, como autônomo, tão logo deposite o dinheiro na conta precisará escolher um investimento. A conta, em si, é apenas um receptáculo: o investimento selecionado é que determinará quão rapidamente o seu dinheiro vai crescer. E do modo de investir é que dependerão os rendimentos, 1% ou 10%. No caso da conta de aposentadoria, cumpre investir sabiamente, sem arriscar.

A melhor maneira de fazer isso é seguir o antigo ditado segundo o qual não se deve colocar todos os ovos num único cesto. Em outras palavras, você deve diversificar — ou seja, ao invés de investir todo o dinheiro em apenas um ou dois fundos, espalhe-o. Porém, espalhar o dinheiro não significa abrir diversas contas de aposentadoria em diferentes lugares. Se agir assim e, em cada uma delas, fizer o mesmo tipo de investimento, estará apenas complicando a sua vida. Espalhar o dinheiro significa, antes, concentrar um leque de ações, títulos e investimentos de caixa numa *única* conta de aposentadoria. Muita gente complica as coisas inutilmente.

## O PODER DA PIRÂMIDE

Na página 83 há um belo esquema elaborado para ajudar você a determinar onde o seu dinheiro será investido e quanto será colocado em cada fundo. Chamo-o de Pirâmide de Investimento do Milionário Automático. Essa pirâmide se baseia em dois princípios muito simples: (1) o seu dinheiro deve ser investido numa combinação de caixa, títulos e ações; e (2) a natureza dessa combinação deverá mudar com o tempo, na medida em que a sua situação se altere.

* No Brasil ainda não há programas de aposentadoria com incentivos para autônomos e pequenos empresários. (N.R.)

Como se vê, a pirâmide divide a vida financeira em quatro períodos distintos: os anos "iniciais", os anos de "ganho", os anos de "pré-aposentadoria" e os anos de "aposentadoria". A cada etapa, as suas necessidades e objetivos se diferenciam; em conseqüência, cumpre fazer diferentes combinações de investimentos.

Em cada período, a pirâmide indica qual porcentagem da quantia inicial deve ser alocada a cada um dos cinco tipos-padrão de investimento. Por ordem de risco, do mais seguro ao mais arriscado, esses tipos são: caixa, títulos, investimentos de renda, investimentos de crescimento, investimentos de crescimento e renda, e investimentos de crescimento agressivo.

A base da pirâmide repousa nos investimentos mais seguros (caixa e títulos). À medida que escala a pirâmide, você vai assumindo mais riscos, passando de crescimento e renda para crescimento e crescimento agressivo. Afora o fato de você desejar que a sua conta de aposentadoria se baseie primeiro em investimentos seguros, a mistura de categorias de risco que mais lhe convém dependerá da sua idade. Quanto mais jovem for, mais riscos poderá se permitir, já que assim terá tempo para superar uma má fase do mercado de ações ou enfrentar outros problemas econômicos. O contrário se aplica aos que já se aposentaram. O princípio é espantosamente simples e, o que é mais, funciona.

Use a pirâmide de investimento como um guia para selecionar o tipo de investimento que fará com o dinheiro de sua conta de aposentadoria. Ao invés de procurar ações e títulos individuais que se adaptem ao perfil de risco de sua situação particular, sugiro que você coloque o seu dinheiro em bons fundos mútuos. Os fundos mútuos não apenas oferecem administração profissional do dinheiro, diversificação e facilidade de uso, como lhe permitem, muitas vezes, investir quantias pequenas. Nas próximas páginas, falarei sobre o meu tipo favorito de fundos para investidores principiantes.

## E SE EU INVESTIR EM MEU PLANO DE APOSENTADORIA EMPRESARIAL?

A pirâmide de investimento pode ajudá-lo a decidir como aplicar o dinheiro depositado em seu plano 401(k). Com quase certeza, o seu plano irá oferecer-lhe um leque de opções de investimento bastante parecido, se não idêntico, aos que aparecem na pirâmide. Assim, você poderá simplesmente usar as porcentagens da pirâmide para distribuir o seu dinheiro de modo adequado. A única diferença perceptível talvez seja que, caso você trabalhe numa grande sociedade anônima, o plano lhe propicie também a oportunidade de investir em suas ações. Se isso acontecer, resista à tentação de investir muito, por maior que imagine ser a sua empresa.

## A PIRÂMIDE DE INVESTIMENTO DO MILIONÁRIO AUTOMÁTICO

### DA ADOLESCÊNCIA AOS TRINTA (Anos "Iniciais")

**Situação e objetivos**

- Agressiva
- Patrimônio líquido em crescimento
- Perspectiva a longo prazo
- Disposição para assumir grandes riscos

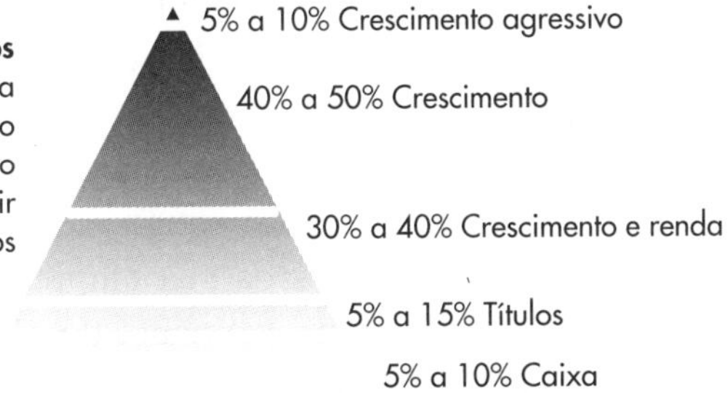


### DOS TRINTA AOS CINQÜENTA (Anos de "Ganho")

**Situação e objetivos**

- Dez ou mais anos para aposentar
- Constituição do patrimônio líquido
- Disposição para assumir riscos
- Sem necessidade de renda de investimento

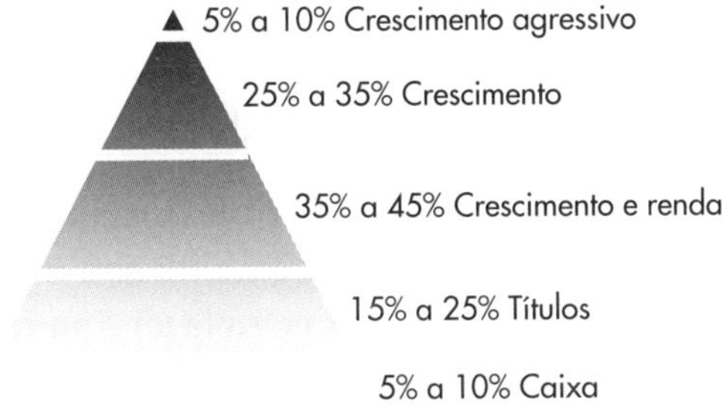


### DOS CINQÜENTA A MEADOS DE SESSENTA (Anos de "Pré-aposentadoria")

**Situação e objetivos**

- Menos de dez anos para a aposentadoria
- Anos de renda alta e poucas responsabilidades financeiras
- Disposição para assumir riscos, mas com menos volatilidade

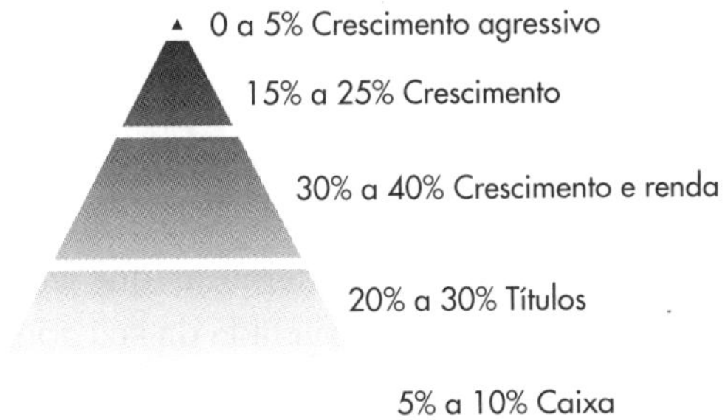


### DOS SESSENTA EM DIANTE (Anos de "Aposentadoria")

**Situação e objetivos**

- Gozo de aposentadoria ou perto de aposentar
- Proteção do patrimônio líquido
- Preferência por menos riscos

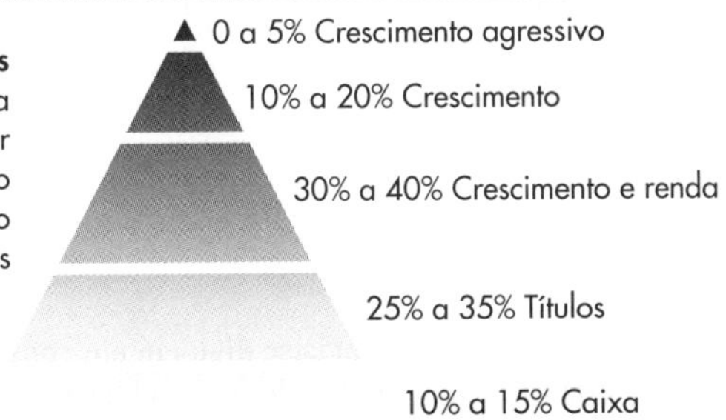


* No Brasil, em se considerando os sucessivos anos de elevadíssimas taxas de juros, o perfil de risco do investidor, mesmo sendo jovem, tende a ser mais conservador do que em outros países. Neste sentido há uma maior predominância pelas aplicações em títulos de renda fixa pós-fixados. (N.R.)

Em anos recentes, muitos empregados excessivamente leais perderam todo o pecúlio porque investiram todo o dinheiro da aposentadoria em ações da empresa em que trabalhavam. Lembre-se de nomes como Enron, WorldCom e Lucent Technologies. Antes de a casa vir abaixo, todos pensavam que essas companhias eram absolutamente seguras — e ninguém tinha mais certeza disso que os seus funcionários. A meu ver, você nunca deveria investir mais que 25% — se insistir em ser conservador, não mais que 5% — da conta de aposentadoria em ações da sua empresa empregadora. Além disso, quando usar a Pirâmide de Investimento do Milionário Automático, considere essas ações um investimento agressivo (mesmo que ela seja conservadora) — pois possuir um único pacote de ações reduz a diversificação e aumenta o risco.

## AQUISIÇÃO UNIFICADA SUPERSIMPLES

Muitos planos de aposentadoria oferecem aos participantes a opção de um fundo mútuo unificado que combina sob o mesmo "teto" todos os tipos de investimentos que você precisa fazer. Em resultado, você não precisa se preocupar por ter, talvez, confundido um fundo de investimento agressivo com um simples fundo de crescimento, e vice-versa. Nem quebrar a cabeça para decidir qual porcentagem do seu dinheiro irá para títulos ou ações.

O tipo supersimples de investimento atende por diversos nomes. Dependendo do plano, pode ser chamado de fundo de alocação de bens, fundo de fundos ou fundo de fases de vida. Alguns desses fundos trazem no nome um ano específico, para lembrar que você deve escolher aquele que estiver mais perto da data projetada da sua aposentadoria. Algumas companhias oferecem também o chamado fundo equilibrado. Um fundo equilibrado propicia administração profissional e alocação de bens que consiste, tipicamente, em 60% de ações e 40% de títulos*.

* No Brasil, os fundos de previdência se dividem em conservador, no qual as aplicações são em títulos de renda fixa, e em moderado, no qual há a combinação num único fundo de um percentual em renda fixa, em derivativos e um percentual em ações. Em geral tal percentual entre derivativos e bolsa oscila entre 20 a 30% das aplicações do fundo. E há ainda o fundo agressivo, em que cerca de 50% da carteira dos fundos é aplicada em ações e derivativos. Não há fundos com datas coincidentes com o período desejado de aposentar-se. (N.R.)

## POR QUE OS FUNDOS EQUILIBRADOS E OS FUNDOS DE ALOCAÇÃO DE BENS FAZEM SENTIDO

Um fundo equilibrado ou de alocação de bens faz todo o trabalho para você, oferecendo a mistura conveniente de caixa, títulos e ações num único pacote. Você não precisa erigir uma Pirâmide de Investimento do Milionário Automático. Em conseqüência, esse fundo torna o ato de investir realmente fácil. Sempre é bom enfatizar isso. E você não precisa ter um plano empresarial 401(k) para fazer uso dele. Pode investir em fundos de alocação de ativos pré-selecionados e profissionalmente administrados por meio de um IRA tradicional, Roth IRA ou SEP IRA.

Diga ao consultor financeiro de seu banco ou seguradora que quer conhecer as opções de **fundo de alocação de bens** e **fundo equilibrado**. Ele sem dúvida estará capacitado a apontar-lhe o caminho certo.

## INVESTIMENTO SIMPLIFICADO

Investir todo o dinheiro de sua aposentadoria num único fundo parece-lhe fácil demais, bom demais para ser verdadeiro? Talvez até um pouquinho aborrecido? No correr dos anos, trabalhando como consultor financeiro e especialista em dinheiro, já vi fases muito boas do mercado, fases não tão boas e fases literalmente péssimas (como entre 2000 e o primeiro trimestre de 2003). Se aprendi algum segredo para ser um investidor que se sai bem tanto nos bons quanto nos maus tempos, foi este: ADMINISTRAR DINHEIRO TEM DE SER UMA CHATICE!

Se você investir o seu dinheiro segundo a Pirâmide de Investimento do Milionário Automático terá um pacote bem diversificado e administrado profissionalmente. Melhor ainda, se investir num fundo equilibrado ou num fundo de alocação de ativos que diversifique o pacote para você, *e* se você automatizar as contribuições... terá uma vida financeira realmente chata. O seu dinheiro será totalmente diversificado, profissionalmente equilibrado e administrado, e o seu plano de poupança estará no piloto automático.

É claro, se você agiu assim, não terá nada a dizer em festas, quando as pessoas começarem a falar do modo como investem o dinheiro. Ninguém se gaba de possuir um pacote de investimento bem diversificado e absolutamente simples. Por isso, terá de procurar outro assunto para conversar com os outros convidados. Mas, com franqueza, você não gostaria que este fosse o seu maior problema?

## COMO PROTEGER A SUA FORTUNA NUMA MÁ FASE DO MERCADO

Quer você diversifique os seus investimentos usando a Pirâmide de Investimento do Milionário Automático ou fundos do tipo equilibrado e de alocação de bens, a principal razão pela qual deve agir assim é que a diversificação pode proteger as suas economias de toda uma vida durante uma fase má do mercado. O quadro abaixo mostra como a diversificação nos salvou na fase terrível por que todos passamos entre 2000 e 2002. Mostra que um pacote diversificado em ações, títulos e letras do Tesouro praticamente manteve o seu valor enquanto a mesma quantia, investida apenas em ações, se desvalorizava quase pela metade. Se o medo de perder tudo numa queda brusca do mercado de ações impediu-o de fazer um plano de aposentadoria, esse quadro irá tranqüilizá-lo, mostrando que a diversificação é a sua proteção.

**VALOR DE UM INVESTIMENTO DE $10.000 NO MERCADO EM BAIXA DE 2000-2002**

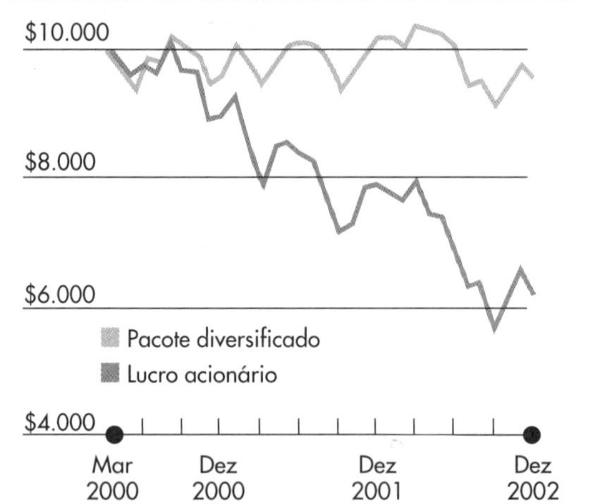


Fonte: Ibbotson Associates. Pacote diversificado: 25% S&P 500 Index; 25% Ibbotson Small Co. Stocks; 25% Letras do Tesouro; 25% Lehman Brothers Government/Corporate Bonds Index. Pacote não-diversificado: S&P 500 Index.

## APRENDA MAIS SOBRE AS SUAS OPÇÕES DE INVESTIMENTO

A Internet é um excelente recurso para você decidir como investirá em seu plano de aposentadoria. Nos *sites* das instituições financeiras que oferecem opções de fundos de previdência há como fazer simulações que auxiliam e muito no processo de escolha dos melhores planos.

| MAIORES EMPRESAS DE PREVIDÊNCIA PRIVADA ABERTA DO BRASIL | | | |
|---|---|---|---|
| Classif. | | Nome de fantasia | Razão Social |
| 2004 | 2003 | | |
| 1 | 1 | Bradesco | • Bradesco Vida e Previdência S.A. |
| 2 | 2 | Brasilprev | • Brasilprev Seguros e Previdência S.A. |
| 3 | 4 | Itaú Previdência | • Itaú Previdência e Seguros S.A. |
| 4 | 3 | Unibanco AIG | • Unibanco AIG Vida e Previdência S.A. |
| 5 | 5 | HSBC Vida e Previdência | • HSBC Vida e Previdência (Brasil) S.A. |
| 6 | 7 | Caixa | • Caixa Vida e Previdência S.A. |
| 7 | 8 | Santander | • Santander Seguros S.A. |
| 8 | 6 | Real Vida e Previdência | • Real Vida e Previdência S.A. |
| 9 | 10 | Sudameris | • Sudameris Vida e Previdência S.A. |
| 10 | 9 | Itauprev Vida e Previdência | • Itauprev Vida e Previdência S.A. |
| 11 | - | Mongeral | • Mongeral S.A. Seguros e Previdência |
| 12 | 11 | Porto Seguro | • Porto Seguro Vida e Previdência S.A. |
| 13 | 12 | Canada Life | • Canada Life Previdência e Seguros S.A. |
| 14 | 13 | Investprev | • Investprev Seguros e Previdência S.A. |
| 15 | - | Minas-Brasil | • Minas Brasil Seguradora Vida e Previdência S.A. |

Fonte: Conjuntura Econômica, maio de 2005.

## NÃO IMPORTA O QUE VOCÊ FAÇA, AUTOMATIZE-O

Os McIntyres não ficaram milionários obedecendo a uma disciplina e sentando-se a cada duas semanas para assinar cheques a serem depositados em seu fundo de investimento orientado à aposentadoria. Eles eram tão ocupados e distraídos quanto você. Se tivessem de assinar um cheque periodicamente, ainda estariam vivendo entre um salário e outro. O que lhes permitiu alcançar a condição de milionários foi o ato que praticaram de economizar AUTOMATICAMENTE para o futuro. Portanto, se o seu plano atual não é automático, automatize-o.

Pela mesma razão, se não está canalizando pelo menos 10% da sua renda para um fundo de investimento orientado à aposentadoria, mude isso também. Não se contente com economizar apenas 4% da renda, como a maioria das pessoas. Muitas se aposentam dependendo, para sobreviver, da Previdência Social, de amigos e familiares. Você agora sabe como fazer melhor. Faça-o, pois. Mesmo que tenha de fazê-lo gradualmente, faça-o.

O planejamento da aposentadoria pode ser simples ou complicado, dependendo de sua decisão. Graças ao que aprendeu até aqui, você pode torná-lo realmente simples — e impressionantemente eficaz.

### PASSOS DE AÇÃO DO MILIONÁRIO AUTOMÁTICO

Eis o que você deve fazer agora para garantir-se uma aposentadoria tranqüila.

- ❑ Assegure-se de que subscreveu uma conta de aposentadoria no trabalho.
- ❑ Se ainda não tem um plano de aposentadoria no emprego, abra um IRA.
- ❑ Decida quanto irá contribuir mensalmente para a sua conta (idealmente, a quantia máxima permitida).
- ❑ Decida como irá investir as suas contribuições de aposentadoria.
- ❑ Não importa o tipo de conta que você abrir, providencie para que as contribuições sejam AUTOMATICAMENTE transferidas para ela, ou mediante dedução no salário, por parte do empregador, ou segundo um plano de investimento automático administrado pelo banco ou seguradora onde abriu a conta.

Em seguida, você aprenderá como conquistar segurança financeira em tempos difíceis.

CAPÍTULO 5

# AUTOMATIZAÇÃO PARA OS DIAS DIFÍCEIS

## O Fator "Durma Bem à Noite"

Se a única coisa que você fizer depois de ler este livro for decidir Pagar-se em Primeiro Lugar em prol do futuro e automatizar esse pagamento, já estará em muito melhor situação que a grande maioria das pessoas. Afinal, quantos amigos ou conhecidos você tem que possam contemplar o futuro sabendo que não terão preocupações com dinheiro em seus anos de descanso?

Mas, e hoje? Como obter alguma segurança financeira no presente?

Este capítulo responderá a duas perguntas básicas: quanto dinheiro você deverá economizar para proteger-se dos proverbiais "dias difíceis" e onde será melhor depositá-lo?

Encaremos o problema. Independentemente do fato de o seu plano ser ótimo e você pensar de maneira positiva, sempre há coisas que escapam ao controle e acabam mal — às vezes, muito mal. Pessoas perdem empregos, saúde, parceiros. A economia pode desandar, o mercado de ações cair, uma empresa ir à falência. As circunstâncias mudam. Se há algo com que se possa contar, são as mudanças inesperadas na vida. Tudo pode acontecer.

Muitas pessoas se preocupam com mudanças, enquanto outras se preparam para elas. Como Milionário Automático, você se prepara. Assim, quando encontrar um obstáculo no caminho, não precisará pedir emprestado ao futuro — nem lançar mão do dinheiro com que se paga em primeiro lugar — para resolver o seu problema.

Eis aqui um teste simples que você deve fazer agora mesmo para descobrir se está preparado para o tipo de mudanças que o mundo pode (e irá) provocar.

**TESTE DO "DURMA BEM À NOITE"**

As minhas despesas mensais montam atualmente a: $ ______________

Tenho atualmente $ ______________ em investimentos ou conta corrente.

Isso equivale às despesas de ____________ meses.

Pare de ler. Pegue um lápis ou caneta e preencha as lacunas acima a fim de determinar a sua situação.

Você não precisa consultar o talão de cheques para descobrir isso. Apenas avalie quanto gasta por mês, quanto tem no banco e para quantos meses o dinheiro depositado é suficiente.

## UMA BOA NOITE DE SONO OU PREOCUPAÇÃO COM A FALÊNCIA?

E então? Para quantos meses você tem economias?

Eu já mencionei que, de acordo com as últimas estatísticas, o americano médio possui economias para menos de três meses. Por experiência própria, como consultor financeiro, descobri que muita gente nem isso tem. Pode muito bem ser que o seu vizinho, que dirige um carro novo alugado e toma dois cafés por dia no bar, tenha menos que o necessário para as despesas de um mês.

Enquanto escrevo estas palavras, os Estados Unidos estão quebrando o recorde mundial de falências pessoais, com mais de 1,5 milhão em 2002. No futuro será ainda pior. E, creio eu, não demorará muito para que execuções de hipotecas de casas próprias também alcancem níveis alarmantes.

Por quê? A resposta é simples: nós não reservamos, para as emergências, o dinheiro que os nossos pais e avós sempre tinham à mão. Ao contrário, estamos literalmente vivendo de contracheque a contracheque. Em muitas famílias, de dois contracheques a dois contracheques. (Cerca de três em cada quatro lares americanos são mantidos com renda dupla.) Se um desses contracheques se evapora, a família que depende dele pode ver-se financeiramente em apuros em menos de seis meses.

## O SEU OBJETIVO: RESERVA DE EMERGÊNCIA

Para assegurar que isso nunca vai acontecer com você, vou lhe mostrar como juntar uma reserva de emergência AUTOMATICAMENTE.

A vovó Bach costumava dizer-me: "David, quando as coisas vão mal, o esperto tem dinheiro". Nisso, como em muitas outras coisas, ela sabia do que estava falando. Dinheiro é tudo. Dinheiro é segurança. Dinheiro é proteção. Dinheiro é opção.

O dinheiro é como o cinto de segurança de seu carro. Quando você sai para a rua, não planeja sofrer um acidente. Mas mesmo assim coloca o cinto porque (1) alguém pode bater no seu carro e (2) acidentes acontecem.

Ocorre o mesmo com o dinheiro. Você sem dúvida não planeja nunca perder o emprego, ficar incapacitado ou ver a sua casa em chamas — mas, como eu disse, tudo pode acontecer. Felizmente, isso não significa que você deva estar preocupado o tempo todo. Há meios de proteger-se financeiramente das incertezas da vida. Como? Fazendo uma reserva de dinheiro.

## AS TRÊS REGRAS DO DINHEIRO DE EMERGÊNCIA

**1. Determine de quanto precisa.**

Para ser um verdadeiro Milionário Automático, penso que você deve ter uma reserva equivalente pelo menos às despesas de três meses. Pegue o que acha que gasta por mês, multiplique por três e terá calculado o seu objetivo de economias de emergência.

Se você gasta $3.000 por mês, precisa ter pelo menos $9.000 numa conta de reserva, que só serão tocados em caso de emergência. Deveria guardar mais? Sem dúvida. Em meus livros anteriores, sugeri reservar o equivalente às despesas de três a vinte e quatro meses, dependendo da situação da pessoa. A quantia a economizar dependerá do que você considera necessário para "dormir bem à noite". Uma quantia equivalente às despesas de três meses já é um bom começo, mas se achar que deve guardar mais, faça-o.

Ante a incerteza econômica e política do mundo atual, o equivalente às despesas de um ano é um grande objetivo a perseguir. Com esse montante economizado, não precisará preocupar-se com gastos, mesmo que perca o emprego e fique desempregado por algum tempo. Mais importante ainda, a poupança para um ano lhe dará a liberdade de tomar decisões que de momento não parecem ao seu alcance — como deixar um emprego desagradável para iniciar uma nova carreira.

**2. Não toque nele.**

O motivo pelo qual muitas pessoas não têm nenhum dinheiro de emergência no banco é passarem todos os meses por uma situação que julgam emergencial. Tente imaginar o seu dinheiro de emergência como o extintor de incêndio no corredor de um prédio de escritórios. O nicho onde ele fica em geral exibe a frase "Em caso de emergência, quebre o vidro" e não "Se acha que está sentindo cheiro de fumaça, quebre o vidro". Pense da mesma maneira sobre o seu fundo de emergência.

A instrução imaginária em seu fundo de emergência não reza "Em caso de precisar realmente de um vestido novo para esta festa especial..." ou "Em caso de a loja tal estar promovendo uma liquidação..." ou "Em caso de você desejar comprar uma nova lava-louças porque a velha está fazendo barulho...". Reza, isto sim, "Não toque em mim a não ser em caso de real emergência".

O que é uma emergência real? Seja honesto consigo mesmo. Você sabe muito bem o que é uma emergência real: algo que ameaça a sua sobrevivência, não o desejo de ter conforto.

**3. Coloque-o no lugar certo.**

Certa vez, promovi um seminário em que falava sobre quão importante é reservar algum dinheiro para as emergências. No meio da discussão, um cavalheiro chamado Bob, sentado na última fila, levantou a mão. "David", disse ele, "tenho guardados $60.000 como fundo de emergência. É suficiente?"

"Depende", repliquei. "Quanto você gasta por mês?"

"Cerca de $2.000", foi a resposta.

"Então tem o equivalente às despesas de trinta meses", ponderei. "Eis aí um GRANDE fundo de emergência por quaisquer padrões. Por que tanto?"

Bob deu um risinho embaraçado. "Bem", explicou, "a minha esposa e eu nos preocupamos com a possibilidade de outra depressão, talvez de uma guerra. Ela até tem medo de OVNIs."

A classe pôs-se a rir.

"Não, não", interrompi para aquietar a turma. "Lembrem-se de que a razão do fundo de emergência é o sono tranqüilo à noite. Se ter o equivalente às despesas de sessenta meses impede que Bob e a sua esposa se preocupem com OVNIs, essa é a quantia certa que devem economizar." Voltei-me para Bob: "Diga-me agora quais os juros que está obtendo com o dinheiro".

A resposta me deixou estarrecido. "Não estou obtendo juro algum", confessou ele, "o dinheiro está numa mala enterrada no quintal."

Olhei-o incrédulo. "Você tem $60.000 numa mala enterrada no quintal?"

"Na verdade, são quase $65.000", disse ele. "Há também algumas moedas de ouro na mala."

A essa altura, fiquei sem fala. No silêncio que se seguiu, alguém da primeira fila virou-se para Bob e perguntou: "Só por curiosidade, onde você mora?"

A turma perdeu as estribeiras. Foi o momento mais engraçado que já vivenciei numa sala de aula. As pessoas não paravam de rir.

Mas a história de Bob me perturbava. Ele não devia ser o único no gênero. Longe de mim imaginar que houvesse muita gente enterrando dinheiro em malas. Mas devia haver milhares, talvez milhões de pessoas com dinheiro guardado para os dias difíceis e que não ganhavam juros sobre ele. E isso é tão mau quanto o que Bob fez.

Você ouviu bem. Não receber juros sobre o dinheiro de emergência é tão mau quanto enterrá-lo no quintal.

## NÃO PERMITA QUE OS BANCOS SE ENRIQUEÇAM À CUSTA DE SUAS ECONOMIAS

Os bancos se regozijam quando alguém subscreve um fundo de emergência. E isso porque a maioria das pessoas coloca o seu dinheiro para os "dias difíceis" em poupança e conta corrente. Por que esse é um mau negócio? Porque em geral as poupanças e contas correntes pagam juros muito baixos, quando pagam. Na verdade, algumas dessas contas até lhe custam dinheiro, cobrando-lhe tarifas de toda espécie.

Portanto, não importa o que vá fazer com o dinheiro, procure um banco confiável que tome conta dele e ainda o faça crescer. Deposite-o numa conta do mercado financeiro que pague juros razoáveis.

Contas do mercado financeiro são uma das alternativas mais simples e seguras para alguém que queira reservar um pouco de dinheiro e lucrar razoavelmente com ele. Quando você deposita num fundo como os atuais, referenciados em certificados de depósitos interfinanceiros (DIs), está na verdade comprando quotas de um fundo — um fundo mútuo que investe nos papéis mais seguros e líquidos, como letras de longo prazo do governo ou, às vezes, títulos empresariais bem cotados. Há poucos anos, você em geral precisaria de um mínimo de $10.000 para ter um fundo desses. Por isso muitas pessoas ainda pensam, equivocadamente, que essas aplicações são só para ricos. Na realidade, porém, hoje você pode fazer uma aplicação com depósito mínimo entre $1.000 e $2.000 — em certos casos especiais, com muito menos que isso.

## PESQUISE TAXAS DE JUROS COMO PESQUISA PREÇOS DE CARROS

Hoje em dia, existem literalmente milhares de aplicações do mercado financeiro entre as quais escolher. E, como em tudo o mais, o custo e a qualidade variam muito. Assim, como se estivesse pesquisando para comprar um carro, não receie pesquisar contas.

Talvez a variável mais importante seja a taxa de juros que cada aplicação paga. Não apenas há enorme variação de banco para banco como as taxas podem mudar, e mudam, diariamente.

## DESCUBRA QUANTO AS APLICAÇÕES DO MERCADO FINANCEIRO ESTÃO PAGANDO

Para ter uma idéia atualizada das taxas disponíveis, consiga um exemplar de uma publicação financeira, como o jornal *Valor Econômico*, ou *Gazeta Mercantil*. Todas elas oferecem listas extensas das taxas que estão sendo pagas pelos diferentes fundos. Informação do mesmo tipo (embora não tão detalhada) pode ser encontrada também, possivelmente, em seu jornal local.

Quando você tiver uma idéia das taxas de juros disponíveis, estará em melhor posição para falar com a instituição que estiver cuidando do seu dinheiro para os dias difíceis. Se for um banco, pegue o telefone e ligue para lá. Pergunte qual a taxa de juros o seu dinheiro está obtendo. Se a resposta for zero, pergunte se o banco oferece aplicações em fundos ou outras operações do mercado financeiro. Se oferecer, indague o que precisa fazer para abrir uma e quanto receberá sobre o depósito. Em seguida, compare as taxas com outras que você conhece.

Baseado na comparação, você decidirá se faz sentido transferir os seus fundos de emergência de uma conta que rende pouco ou nada para um fundo do mercado financeiro, no mesmo banco. Se for o caso, tenha em mente que, para o seu dinheiro começar a render juros, basta começar a fazer as perguntas certas. Por que o banco não lhe forneceu essa informação antes? O que você acha? Conhecimento é poder.

Lembre-se: os ricos ficam ricos porque põem o dinheiro a trabalhar para eles. Agora é a sua vez de fazer o mesmo.

## PARA UM NEGÓCIO AINDA MELHOR, PESQUISE CORRETORAS

Em muitos casos, você poderá ter uma conta do mercado financeiro mais rentável numa corretora do que em seu banco local. Há inúmeras corretoras idôneas que oferecem contas desse tipo.

**Quando contatar uma corretora, faça estas perguntas:**

1. Qual é o investimento mínimo?
2. Posso estabelecer um programa de investimento sistemático mediante o qual vocês retirarão dinheiro da minha conta corrente, regularmente, para investi-lo numa conta do mercado financeiro? (Assegure-se de que eles estejam capacitados a fazer isso automaticamente.)
3. Se eu subscrever um plano de investimento sistemático, vocês baixarão o mínimo a investir?
4. Vocês oferecem contas garantidas pelo governo? Qual a taxa das contas garantidas em comparação com as normais?
5. A conta fornece cheques e, em caso positivo, qual a quantia mínima para preenchê-los? Fornece também cartão magnético? (Mesmo que não pretenda usar cheques ou o cartão, é bom tê-los caso precise de acesso rápido aos fundos.)
6. As tarifas cobradas são baixas? (Algumas contas cobram-lhe um extra mensal ou anual se você sacar abaixo do mínimo. Não deixe de pedir detalhes sobre isso.)

## LOCAIS ONDE PODERÁ ABRIR UMA CONTA DE INVESTIMENTOS DO MERCADO FINANCEIRO NOS EUA

Fiz a lista de bancos e corretoras que se segue considerando os depósitos mínimos que eles exigem para abrir uma conta do mercado financeiro, começando pelo mais baixo.

### ING Direct (não exige investimento mínimo)
1.800-ING-DIRECT
www.ingdirect.com

Como eu já disse, a ING Direct está trabalhando duro para consolidar o seu negócio nos Estados Unidos. Um dos modos pelos quais faz isso é oferecer uma das taxas de juros mais elevadas do mercado financeiro, *sem exigir investimento mínimo*. O que mais me atrai na ING Direct é que você pode, em questão de minutos e sem precisar sair de casa, abrir a conta pela Internet e determinar que o dinheiro seja retirado automaticamente de sua conta corrente. Se tiver perguntas, poderá ligar para um funcionário, que o orientará ao longo do processo. Além de oferecer uma das taxas de juros mais elevadas do mercado, a ING Direct é uma das poucas instituições cujas contas do mercado financeiro são garantidas pelo governo. O nome da conta é Orange Savings Account e, exceto pelo fato de não fornecer cheques, o negócio é muito bom.

### Edward Jones (não exige investimento mínimo)
1.314-515-2000
www.edwardjones.com

A Edward Jones é uma corretora de âmbito nacional que se orgulha de trabalhar lado a lado com os pequenos investidores. O depósito mínimo requerido é um dos mais baixos entre todas as empresas do ramo no país. Você poderá abrir uma conta do mercado financeiro apenas com um dólar, mas, a menos que invista pelo menos $2.500, ela lhe cobrará uma tarifa mensal (peça detalhes). A conta do mercado financeiro da Edward Jones chama-se CFO Foundation Basics e inclui cartão magnético. Essa conta permite depósito direto de parte do salário, bem como planos de investimentos sistemáticos nos quais a firma debita automaticamente de sua conta corrente ou providencia transferências de fundos segundo uma agenda predeterminada. Embora não se possa abrir uma conta na Edward Jones pela Internet, ela possui mais de 8.000 escritórios nos Estados Unidos, onde você será atendido pessoalmente.

### E*TRADE Bank (mínimo de $1.000)
1.800-ETBANK 1
www.etrade.com

Quando você visitar o *site* da E*TRADE, clique em E*TRADE Bank para obter informações sobre a E*TRADE Bank Money Market Account Plus. A conta do mercado financeiro do E*TRADE Bank exige um depósito inicial mínimo de $1.000, mas permite uso ilimitado do cartão magnético e preenchimento de três cheques por mês. Você poderá determinar também depósito direto de parte do seu salário. E, o que é mais, os seus fundos são garantidos pelo governo até o valor de $100.000. Se seu saldo cair abaixo de $1.000, você terá de pagar uma tarifa de $10; portanto, vá com cuidado. Essa é uma das contas do mercado financeiro, com pequeno depósito inicial, mais fáceis de abrir *online* ou por telefone.

### Morgan Stanley (mínimo de $1.000)
www.morganstanley.com

Uma das maiores empresas financeiras do mundo, a Morgan Stanley oferece um cardápio completo de serviços de corretagem, que inclui numerosos tipos de contas do mercado financeiro. Um depósito mínimo de $1.000 assegura-lhe uma conta sem direito a cheques. Para ter esse direito, precisará depositar $5.000. Mas nesse caso poderá abrir uma conta completa, a Active Assets Account (às vezes chamada conta "AAA"), que oferece um número ilimitado de cheques, cartão magnético, cobertura total de corretagem, relatório consolidado e um excelente relatório de final de ano que discrimina todas as transações feitas. Poderá ainda combinar depósitos diretos automáticos ou um plano de investimento sistemático com essa conta. Muitas companhias de grande porte têm contas similares, mas em geral o depósito mínimo é de $10.000 (a Morgan Stanley exigia esse valor, mas baixou-o). Para abrir uma conta na Morgan Stanley, você precisa ir a um de seus escritórios. Visite o seu *site* para localizar o endereço mais próximo de você ou consulte a lista telefônica.

### Fidelity Investments (mínimo de $2.500)
### 1.800-FIDELITY
### www.fidelity.com

Uma das maiores provedoras de fundos mútuos e contas de corretagem *online*, a Fidelity tem também inúmeras filiais que você pode visitar para obter orientação e fazer negócios. Ela oferece diversas contas do mercado financeiro. Você pode abrir uma do tipo básico, que permite o uso de cheques com um depósito mínimo de apenas $2.500. A companhia lhe enviará os formulários pelo correio, caso não queira comparecer em pessoa a um de seus escritórios. Ela também se dispõe a fazer depósitos diretos e planos de investimento sistemáticos.

### Vanguard (mínimo de $3.000)
### 1.877-662-7447
### www.vanguard.com

A Vanguard é conhecida por oferecer uma das contas do mercado financeiro de mais baixo custo e mais alto rendimento que existem. Com um depósito inicial de $3.000, você pode abrir uma conta básica que lhe permite preencher cheques de $250 ou mais. Ela providencia igualmente depósitos diretos a partir de seu salário e irá ajudá-lo a fazer um plano de investimento automático com saques sobre a sua conta corrente. Você poderá fazer tudo *online* ou pelo correio.

Charles Schwab ($10.000)
1-866-855-9102
www.schwab.com

A Charles Schwab tem escritórios por todo o país, além de um *site* fácil de acessar. No entanto, o mínimo para abrir uma conta do mercado financeiro é muito alto. Você terá de fazer um depósito inicial de $10.000.

Abaixo, segue uma lista dentre muitos de alguns bancos e corretoras para se aplicar em fundos de investimento no Brasil, ou buscar assessoria para aplicações financeiras:

Bradesco
(www.bradesco.com.br)

O Bradesco conta com a facilidade de possuir a maior rede de agências do Brasil. Seus fundos de investimento são muito variados e apresentam em média os mais altos índices de retorno do mercado, ficando em primeiro lugar no ranking da revista *Foco*.

Santander Banespa
(www.santander.com.br)

O Santander conta com uma equipe de profissionais experientes e altamente especializados no mercado financeiro. Seus fundos estão entre os mais rentáveis do mercado, porém os valores mínimos de aplicação de alguns de seus fundos acabam sendo uma restrição para os pequenos investidores.

ABN Amro — Banco Real
(www.bancoreal.com.br)

Os fundos de investimento para o segmento pessoas são administrados pelo ABN AMRO Asset Management, uma empresa especializada na administração de recursos de terceiros. Os fundos ABN Amro dispõem de uma ampla diversidade e são agrupados de acordo com o grau de risco.

### Itaú
### (www.itau.com.br)

Os fundos de investimento Itaú oferecem alternativas ideais para quem pretende iniciar suas aplicações sem a necessidade de investir grandes valores. Seus fundos de investimento permitem aplicações iniciais a partir de R$300,00 com rentabilidade diária, destinadas a investidores que apresentam um perfil conservador.

### Banco do Brasil
### (www.bb.com.br)

O Banco do Brasil desenvolveu um portfólio diversificado de fundos de investimento para atender a todos os tipos de investidores. Para facilitar a movimentação de suas aplicações, o Banco do Brasil disponibiliza diversos canais de atendimento. Os fundos são administrados pela BB DTVM, a maior administradora de recursos de terceiros.

### Unibanco
### (www.unibanco.com.br)

O Unibanco é o primeiro grande banco privado brasileiro a criar uma empresa independente, com profissionais especializados e dedicados exclusivamente à administração de recursos de pequenos e grandes investidores: a Unibanco Asset Management. Com respaldo de um dos maiores grupos financeiros do Brasil, é uma empresa dedicada exclusivamente à administração de recursos financeiros.

### Fator
### (www.fatorcorretora.com.br)

A Fator é uma corretora que oferece soluções em investimentos, é uma das organizações que mais se destacam no mercado financeiro do Brasil e que aparece no alto do ranking dos diversos segmentos em que presta seus serviços.

### Hedging-Griffo
### (www.griffo.com.br)

A Hedging-Griffo é uma instituição financeira, um centro de inteligência e competência em gestão de recursos, com foco na assessoria de investimentos para clientes com perfil Private.

### Porto Seguro
### (www.portoseguro.com.br)

A Portopar é uma empresa do Grupo Porto Seguro especializada em Fundos de Investimento. Está estruturada para assessorar você na aplicação do seu dinheiro. Com aplicação mínima inicial de R$1.000 para fundos de Renda Fixa, não importando qual seja o seu perfil, a Porto Seguro disponibilizará profissionais qualificados, trabalhando com o objetivo de gerar o máximo de lucro e o mínimo de risco para seu investimento.

## SEGURANÇA

Historicamente, as aplicações em fundos do mercado financeiro são consideradas um investimento dos mais seguros, tanto quanto os certificados de depósito bancário.

Recomendo veementemente que você só invista em contas de instituições financeiras idôneas e sólidas. Pergunte sempre há quanto tempo existe o fundo, que retorno anual ele proporciona e quanto custa para a empresa administrá-lo. A fim de realmente proteger-se, talvez seja melhor escolher uma taxa mais baixa.

## TENTE CONSEGUIR O MÍNIMO

Muitas instituições lhe dirão que, para fazer uma aplicação no mercado financeiro, você terá de fazer um depósito inicial de pelo menos $2.000. Se isso lhe parecer muito, não desista — há sempre uma maneira de esquivar-se. Pergunte ao funcionário se a empresa oferece um fundo financeiro que acolha investimentos automáticos. Em geral, depois de você assinar o formulário concordando com investimentos mensais regulares, a empresa lhe permitirá abrir uma conta para investimento num fundo financeiro com apenas $100. (Lembre-se, porém, de que se abrir uma conta dessa maneira provavelmente não terá direito a talões de cheques nem a cartão magnético.)*

## AGORA, AUTOMATIZE O PROCESSO

Talvez você queira manter o fundo para os dias difíceis separado da conta corrente. Embora possa manter o fundo na mesma conta com que paga as suas despesas, não deve fazê-lo. Quando as duas coisas estão no mesmo lu-

* No Brasil há que se verificar os mínimos para abertura de conta, mas já há diversas opções para aplicações em valores razoavelmente baixos. (N.R.)

gar, fica fácil recorrer ao fundo para as despesas mensais — e, antes de você perceber, o fundo já se foi. Eis, no caso, o que eu faria.

## O SEU FUNDO PARA OS DIAS DIFÍCEIS PASSO A PASSO

1. Fazendo as suas próprias pesquisas, selecione um banco ou corretora que ofereça boas taxas e em seguida abra uma conta de investimento. Se você tiver mais de $1.000 para depositar, sem dúvida descobrirá uma conta que ofereça talões de cheques e cartão magnético. (Mas lembre-se: use-os apenas nas emergências.) Se não tiver essa quantia, abra uma conta sem a opção dos talões.
2. A melhor maneira de você abastecer a conta para os dias difíceis é AUTOMATIZÁ-LA. Para tanto, veja se o seu empregador se dispõe a fazer depósitos diretamente de seu salário. (Bastará entrar em contato com o departamento competente da empresa.) Se o seu empregador fizer os depósitos, você poderá dispor as coisas de modo que todo o seu salário, ou parte dele, sejam depositados onde quiser. O empregador só precisará do número de sua conta.
3. Decida quanto irá economizar mensalmente. A minha sugestão é que tente reservar pelo menos 5% de seu ganho líquido na conta para os dias difíceis. O seu empregador talvez lhe peça que especifique uma quantia exata em dinheiro; nesse caso, faça as contas e indique qual será o valor.
4. Se o seu empregador não prestar esse serviço, providencie para que a sua conta corrente abasteça automaticamente o fundo do mercado financeiro. Há duas maneiras de fazer isso. Você poderá instruir o banco onde tem conta corrente a transferir uma quantia específica de dinheiro para a conta do mercado financeiro, ou pedir ao banco onde tem aplicação do mercado financeiro para fazer a chamada "retirada automática" da conta corrente: nesse caso, o dinheiro é automaticamente sacado da conta corrente num determinado dia do mês e depositado na aplicação/fundo. Seja como for, tudo é completamente automatizado e, quase sempre, você conseguirá tomar as providências pela Internet.

## EM QUALQUER CASO, VOCÊ GANHA

Você deve estar se perguntando onde eu poria o meu dinheiro para os dias difíceis — numa aplicação do mercado financeiro ou em títulos do Tesouro. Os dois tipos têm as suas vantagens. Os fundos do mercado financeiro proporcionam maior liquidez (ou seja, você poderá lançar mão do dinheiro com mais rapidez e facilidade). No entanto, os títulos do governo também estão oferecendo uma taxa elevada de juros. Para muitas pessoas, ter os dois tipos é a melhor opção.

## E SE EU ESTIVER DEVENDO?

Se você está devendo no cartão de crédito, a ordem de fazer as coisas terá de mudar. Recomendo às pessoas que têm dívidas pesadas no cartão que coloquem na conta de segurança apenas o equivalente às despesas de um mês e passem a concentrar-se no pagamento do débito. Por quê? Porque não faz sentido ter um capital rendendo 1% numa conta do mercado financeiro e, ao mesmo tempo, pagar 20% sobre o débito do cartão de crédito.

Mais à frente, você encontrará um capítulo sobre dívidas no cartão de crédito. Ao acabar de lê-lo, saberá como reduzir mais rapidamente a taxa de juros do cartão — e, mais rapidamente também, sair das dívidas — do que outras pessoas.

Mas, primeiro, descubramos o verdadeiro segredo para ficar rico ainda jovem: ter casa própria.

### PASSOS DE AÇÃO DO MILIONÁRIO AUTOMÁTICO

Rememorando os passos que discutimos neste capítulo, eis o que você deveria estar fazendo no momento para conquistar segurança financeira automática.

- ❑ Decidir que irá manter um dinheiro de reserva para as emergências (idealmente, o equivalente às despesas de três meses ou mais).
- ❑ Decidir que ganhará juros sobre as suas economias (ao invés de deixar os bancos ficar ricos à sua custa).
- ❑ Fazer uma aplicação (fundos mútuos) no mercado financeiro ou investir em títulos do governo, para os dias difíceis.
- ❑ Tornar o crédito no fundo para os dias difíceis AUTOMÁTICO e deixá-lo crescer até que a sua reserva fique grande o bastante para tranqüilizá-lo.

## JÁ ESTÁ QUASE FEITO

Parece incrível, mas depois de automatizar o seu futuro e guardar automaticamente para os dias difíceis, você estará perto de ter todo o seu plano financeiro no piloto automático.

Imagine nunca precisar preocupar-se com dinheiro de novo! Bem, isso é o que é ser um Milionário Automático — e você está perto de tornar-se um deles.

# CAPÍTULO 6

# COMPRA AUTOMÁTICA DA CASA

De todos os segredos que proporcionam segurança financeira revelados neste livro, há três que se destacam em termos de importância e eficácia. O primeiro é Pagar-se em Primeiro Lugar 10% de sua renda bruta. O segundo é Automatizar o Processo. O terceiro é...

## COMPRAR UMA CASA PAGANDO-A AUTOMATICAMENTE

Neste capítulo, veremos por que você deve ter a sua casa própria — e, mais importante ainda, como poderá pagá-la automaticamente de modo a estar livre de dívidas antes de ficar velho demais para usufruir dela.

Comecemos então.

Jovem ou idoso, você sem dúvida quererá ser dono do lugar onde mora. Por quê? É simples. **Não ficará rico morando de aluguel.** Como diz o velho ditado, proprietários enriquecem e inquilinos empobrecem.

Pense nisso. Como inquilino, você pode gastar facilmente um milhão ou mais ao longo dos anos ($1.500 por mês em trinta anos dão $540.000) e acabar como começou — sem nada. Ou pode comprar uma casa pagando aos poucos a mesma quantia e no fim ser dono dela, sem estar devendo um tostão!

**A verdade é que você não entra realmente no jogo do enriquecimento enquanto não possui um imóvel.**

## SEJA PRIMEIRO PROPRIETÁRIO DE SI MESMO

Inúmeros estudos mostram que quem possui casa própria acumula um patrimônio líquido muitas vezes maior que o dos inquilinos. Segundo uma pesquisa sobre a situação financeira das pessoas, feita pelo Federal Reserve em janeiro de 2000, o patrimônio líquido médio dos inquilinos era de $4.200 contra $132.000 dos proprietários. Em suma, os proprietários eram trinta e uma vezes mais ricos que os inquilinos!

Porém, mais importante ainda que o dinheiro é a sensação que a propriedade lhe dá. Quando você possui uma casa, tem a certeza de que está lucrando e vivendo num lugar que ninguém pode tirar de você. Não está à mercê de um senhorio que talvez aumente o seu aluguel ou o despeje.

Portanto, se atualmente você mora de aluguel, comprar um imóvel para viver (casa ou apartamento) tem de ser uma prioridade. Mas conseguirá realmente tornar automáticos e fáceis a compra e o pagamento de uma casa? A resposta é "sim" e este capítulo mostrará como.

## É FÁCIL COMPRAR E PAGAR UMA CASA

Quando conheci Jim e Sue McIntyre, um aspecto da história deles que realmente me impressionou foi a vantagem que auferiram da compra e pagamento, muito cedo, de uma casa. Se você se lembra, eles adquiriram a primeira casa quando eram ainda relativamente jovens e, não fazendo mais que adiantar um pouquinho os pagamentos, conseguiram liquidar a dívida em menos de vinte anos. Nessa altura, alugaram a casa para aumentar a renda e compraram outra, que também pagaram em menos de vinte anos.

Aos cinqüenta anos de idade já possuíam duas casas inteiramente livres de ônus. Como resultado, puderam aposentar-se cedo — sem dívidas e com cerca de um milhão de dólares em imóveis e dinheiro vivo.

Todos deveríamos viver vidas assim. E, de fato, podemos! Eis como.

## PRIMEIRO PASSO: COMPRE UMA CASA

Quer então ser milionário? Como eu já disse, só há três coisas que você realmente precisa fazer: (1) Pagar-se em Primeiro Lugar 10% do que ganha, (2) Automatizar o Processo e (3) comprar e pagar uma casa o mais rapidamente possível.

Se acha que há algo além disso, você está certo. Terá de ser inteligente ao fazer essas coisas. Conforme vimos, quando se trata de Pagar-se em Primeiro Lugar, deverá automatizar o processo e fazer os investimentos com dinheiro diferido de impostos. Ocorre o mesmo quando se trata de comprar uma casa: terá de ser esperto no modo de pagar, para não perder uma fortuna em financiamentos. Logo examinaremos tudo isso em detalhe. Mas primeiro vejamos por que comprar uma casa é um negócio tão bom.

## SEIS RAZÕES PELAS QUAIS IMÓVEIS CONSTITUEM EXCELENTES INVESTIMENTOS

Há atualmente incontáveis razões pelas quais imóveis constituem excelentes investimentos. Aqui vão as seis primeiras.

### 1. Poupança Forçada

A despeito da impressão causada pela mídia, poucas pessoas perdem realmente as suas casas por falta de pagamento. Segundo a Mortgage Bankers Association of America, os bancos executam menos de 1,5% das hipotecas residenciais. Isso se dá porque os proprietários fazem de tudo para não perder as suas casas. Assim, convém ver a propriedade como uma espécie de programa de poupança forçada mediante o qual, para conservar a sua casa, você deverá fazer contribuições mensais (sob a forma de pagamento de hipoteca) para um dos melhores investimentos que existem: lucro imobiliário.

### 2. Alavancagem*

Uma das táticas financeiras mais eficientes usadas pelos negociantes realmente astutos chama-se alavancagem — o uso de dinheiro emprestado para multiplicar ganhos potenciais. Quando você compra uma casa, entra também no jogo da alavancagem.

Eis como funciona. Digamos que você compre uma casa de $250.000 com entrada de 20%. Isso significa que desembolsará $50.000 de seu próprio dinheiro e pedirá emprestados ao banco os restantes $200.000. Uma vez que, na verdade, você entrou com apenas um quinto do valor do imóvel, realizou uma alavancagem de cinco para um. Digamos agora que o valor da casa subirá nos próximos cinco anos a $300.000. Dado que você só pagou $50.000, o aumento de $50.000 no valor significa que o seu dinheiro efetivamente dobrará. Eis o poder da alavancagem.

Nos últimos cinco anos, muitos imóveis dobraram de valor. Pense no que isso significa em termos de alavancagem. Se você investiu $50.000 numa casa de $250.000 há cinco anos e ela agora vale $500.000, você ganhou

* A alavancagem no Brasil é menor, pois os financiamentos em geral não superam 50% do valor do imóvel. Há casos especiais em que o limite pode chegar a 90% do valor do imóvel, como é o caso da CEF. (N.R.)

$250.000 com um investimento de $50.000: um lucro impressionante de 500% sobre o dinheiro aplicado.

**3. OPM***

OPM significa "*other people's money*" (dinheiro dos outros). Você ouve com freqüência essa expressão entre investidores espertos. Já vimos que, ao invés de trabalhar para o seu dinheiro, os ricos põem o seu dinheiro a trabalhar para eles. Bem, as pessoas *realmente* ricas não só põem o dinheiro a trabalhar para elas como fazem o mesmo com o dinheiro dos outros. Quando você compra uma casa, é justamente assim que procede: usa o dinheiro do banco para enriquecer. Enquanto isso, o seu próprio dinheiro pode trabalhar para você em outra parte — capitalizando-se, digamos, num fundo de investimento orientado à aposentadoria.

**4. Isenções de Impostos****

Permitindo-lhe deduzir os juros que paga sobre o dinheiro que deve pela compra da casa (até o máximo de $1 milhão), o governo o incentiva fortemente a tornar-se proprietário. Quanto maior for a sua faixa de contribuição, mais o governo o ajudará a comprar uma casa. Se estiver entre os 30% que contribuem, o governo subsidiará praticamente um terço de sua dívida (sobretudo nos primeiros anos, quando grande parte do pagamento mensal é consumida em juros).

**5. Orgulho de Ser Proprietário**

Se você é dono da casa onde mora, já realizou um dos seus maiores sonhos. Estabeleceu-se, integrou-se à comunidade e tem orgulho de ser proprietário. Isso é mais que um sentimento cálido, envolvente: é algo que proporciona a você e aos seus familiares um senso real de segurança.

**6. Imóveis São Comprovadamente um Grande Investimento**

Para a maioria das pessoas, o melhor investimento que fizeram foi a casa própria. (Pergunte sobre isso aos seus pais, caso eles sejam proprietários.) Mas tal verdade ainda se sustenta? Como os preços dos imóveis nos Estados Unidos subiram vertiginosamente no final da década de 1990 e início do século XXI, muita gente começou a achar que estávamos diante de uma "bolha" imobiliária real, parecida com o injustificável aumento das ações "ponto-com". Mas

---

* Lembrar que no Brasil os juros são altos e inibem o uso de recursos de terceiros (ou seja, uma maior alavancagem). (N.R.)

** Isto não se aplica no Brasil, onde não há qualquer dedução para efeitos de redução de IR. (N.R.)

casas não são ações. Não se negociam casas na bolsa. Não se pode comprá-las e vendê-las com um simples toque no *mouse*. Sim, os preços dos imóveis subiram muito; sim, houve anos ruins, tempos difíceis. Mas esses tempos sempre foram passageiros. A longo prazo, os preços dos imóveis quase sempre aumentam e comprar uma casa quase sempre é um bom negócio. Segundo dados da National Association of Realtors [Associação Nacional dos Corretores de Imóveis], nunca houve uma bolha imobiliária *nacional*. Além disso, desde 1968 (quando a associação começou a recolher dados) os investimentos em imóveis vêm proporcionando um retorno médio anual de 6,3%.

## MAS, E A ENTRADA?

A razão número um pela qual as pessoas deixam de comprar uma casa é pensarem que não têm condições de fazê-lo. Quase sempre estão erradas.

Os possíveis compradores temem, sobretudo, a entrada. Pensam muitas vezes que precisarão de milhares, se não de dezenas de milhares, de dólares em dinheiro para assumir a dívida. Isso, pura e simplesmente, não é verdade. Há inúmeros programas patrocinados por incorporadoras, imobiliárias e mesmo o governo que capacitam os compradores da casa própria a financiar 95, 97 ou mesmo 100% do preço do imóvel. Embora tomar tanto assim possa ser arriscado (talvez você não consiga honrar os pagamentos mensais), essa é também uma maneira de fugir do aluguel e morar na sua própria casa muito mais depressa do que se economizasse dinheiro para comprá-la à vista. No Brasil o crédito imobiliário não oferece essas opções. Em geral, quer dentro do sistema de habitação ou sob a modalidade de carteira hipotecária, os financiamentos são em geral de 50% do valor do imóvel.

## COM O ALUGUEL QUE VOCÊ PAGA HOJE, PODERIA COMPRAR UMA CASA AMANHÃ

Muita gente não se dá conta de que a mesma quantia de dinheiro que gasta hoje com aluguel poderia comprar-lhe uma casa amanhã. Em 2003, data da redação deste livro, as taxas de juros eram as mais baixas dos últimos quarenta e cinco anos. Talvez estejam mais elevadas no momento em que você ler estas páginas, mas façamos os cálculos que temos em mãos. A fim de simplificar, para cada $1.000 que você paga de aluguel mensal, poderia arcar com um empréstimo de $125.000 (inclusive tarifas e seguro). Em outras palavras, se o seu aluguel for de $2.000 mensais, você estará capacitado a fazer pagamentos sobre uma dívida de $250.000. Em diversas partes do país, isso compraria um monte de casas!

## QUANTAS CASAS VOCÊ PODE COMPRAR?

Segundo a FHA, a maioria das pessoas pode permitir-se gastar 29% de sua renda bruta em moradia — ou até 41%, caso não tenha dívidas.

| Renda Bruta Anual | Renda Bruta Mensal | 29% da Renda Bruta | 41% da Renda Bruta |
|---|---|---|---|
| $20.000 | $1.667 | $483 | $683 |
| $30.000 | $2.500 | $725 | $1.025 |
| $40.000 | $3.333 | $967 | $1.367 |
| $50.000 | $4.176 | $1.208 | $1.712 |
| $60.000 | $5.000 | $1.450 | $2.050 |
| $70.000 | $5.833 | $1.692 | $2.391 |
| $80.000 | $6.667 | $1.933 | $2.733 |
| $90.000 | $7.500 | $2.175 | $3.075 |
| $100.000 | $8.333 | $2.417 | $3.417 |

Conforme a tabela acima indica, se você ganha $50.000 por ano, está apto a gastar pelo menos $1.208 mensais em moradia — sob a forma de aluguel ou dívida imobiliária. Tendo em mente que possuir é melhor do que alugar, examine a tabela abaixo. Ela mostra o valor dos pagamentos mensais para diferentes montantes de dívida com prazo de trinta anos, a diversas taxas de juros. (Não inclui impostos nem seguro; para saber qual o valor deles, terá de conferir a quanto chegam em sua área.)

**Pagamentos Típicos de Dívida Imobiliária**

Pagamentos mensais (principal e juros) para dívida fixa de 30 anos (impostos e seguro não-incluídos)

| Valor da Dívida | 5,0% | 5,5% | 6,0% | 6,5% | 7,0% | 7,5% | 8,0% |
|---|---|---|---|---|---|---|---|
| $100.000 | $537 | $568 | $600 | $632 | $668 | $699 | $734 |
| $150.000 | $805 | $852 | $899 | $948 | $998 | $1.048 | $1.100 |
| $200.000 | $1.074 | $1.136 | $1.199 | $1.264 | $1.331 | $1.398 | $1.468 |
| $250.000 | $1.342 | $1.419 | $1.499 | $1.580 | $1.663 | $1.748 | $1.834 |
| $300.000 | $1.610 | $1.703 | $1.799 | $1.896 | $1.996 | $2.098 | $2.201 |
| $350.000 | $1.879 | $1.987 | $2.098 | $2.212 | $2.329 | $2.447 | $2.568 |
| $400.000 | $2.147 | $2.271 | $2.398 | $2.528 | $2.661 | $2.797 | $2.935 |
| $450.000 | $2.415 | $2.555 | $2.698 | $2.844 | $2.994 | $3.146 | $3.302 |
| $500.000 | $2.684 | $2.839 | $2.998 | $3.160 | $3.327 | $3.496 | $3.665 |

## A CHAVE DO SUCESSO: O FINANCIAMENTO CERTO

Chegamos agora à parte mais importante deste capítulo: como pagar a sua casa e livrar-se da dívida automaticamente. Não se trata apenas de comprar a casa. Na verdade, esse é muitas vezes o passo mais fácil. O verdadeiro desafio surge quando cumpre decidir de que forma ela será paga. De fato, a chave para que tudo corra bem financeiramente é contrair o tipo certo de dívida.

Há vários tipos de dívidas imobiliárias. Cada qual tem suas vantagens e desvantagens. Vejamos os que estão disponíveis e depois mostrarei como um Milionário Automático deve escolher a sua dívida.

**TIPOS DE FINANCIAMENTO**

| **Taxa Fixa por 30 Anos*** | | | |
|---|---|---|---|
| **Características** | **Vantagens** | **Desvantagens** | **A quem convém esse financiamento?** |
| A taxa do financiamento "Vanilla" permanece a mesma pelos 30 anos do empréstimo. | Bloqueia a sua taxa de juros e protege-o se ela subir. Os pagamentos são iguais todos os meses. Fácil de acompanhar e monitorar. | Você fica preso a uma taxa por 30 anos, a menos que consiga renegociar. | Se você é conservador e planeja permanecer em sua casa por longo tempo (pelo menos de 7 a 10 anos), esse oferece grandes benefícios e flexibilidade. |
| **Taxa Fixa por 15 Anos** | | | |
| **Características** | **Vantagens** | **Desvantagens** | **A quem convém esse financiamento?** |
| Parecido com o financiamento de 30 anos, exceto pelo prazo e pela taxa. | A taxa para 15 anos é mais baixa que a taxa para 30 anos. Você paga a sua casa e fica livre da dívida em metade do tempo. Fácil também de acompanhar e monitorar. | Os pagamentos mensais são mais pesados que para 30 anos. | Se você é de fato um poupador intransigente e planeja morar em sua casa mais de 10 anos, esse é um bom empréstimo. A taxa será fixa e você ficará livre da dívida em apenas uma década e meia. |

* No Brasil não há opção de taxa fixa e os financiamentos são em geral de até 15 anos, sendo que a CEF oferece planos de até 20 anos. (N.R.)

| Taxa Reajustável de Curto Prazo (5 Anos ou Menos) | | | |
|---|---|---|---|
| **Características**<br>A taxa de juros pode permanecer fixa de 6 meses a 1 ano. Alguns desses financiamentos têm taxas com variação mensal (que é o caso do Brasil, onde há um indicador em geral mensal, como a TR.). | **Vantagens**<br>Você obtém uma redução substancial na taxa de juros, de modo que os pagamentos mensais serão menores que os de qualquer outro empréstimo. | **Desvantagens**<br>Se as taxas de juros subirem muito rapidamente, você poderá encontrar dificuldade em fazer os pagamentos. | **A quem convém esse financiamento?**<br>Ele é escolhido, tipicamente, por pessoas que desejam manter os pagamentos mensais tão baixos quanto possível. Convém àqueles que conseguem administrar os riscos e não esperam morar na casa por muito tempo. Um bom negócio quando as taxas permanecem baixas. |
| **Taxa Reajustável Intermediária (Às vezes chamada ARM 3/1, 5/1, 7/1 ou 10/1)** | | | |
| **Características**<br>A taxa de juros permanece fixa por um período específico e depois é reajustada anualmente ou a cada seis meses, com base na flutuação. | **Vantagens**<br>As taxas são relativamente baixas. | **Desvantagens**<br>A taxa permanece fixa por um tempo limitado. Se subir, sobe também o valor do pagamento mensal. | **A quem convém esse financiamento?**<br>Ótimo para a pessoa que busca taxas mais baixas e pagamentos mensais menos pesados, não planejando morar na propriedade por muito tempo. Quanto mais tempo a taxa persistir, maiores serão os pagamentos e menores os riscos. |

## POR QUE UM EMPRÉSTIMO DE 30 ANOS PODE SER CONVENIENTE

Que tipo de financiamento você escolherá? A primeira opção que eu recomendaria à maioria das pessoas é o financiamento de 30 anos com taxa fixa. Por quê? Bem, para começar ele é muito simples. Resulta também num bom negócio quando a taxa de juros está baixa, pois ela permanecerá inalterável por 30 anos. (Não se aplica ao Brasil.)

O que é uma taxa baixa? Historicamente, qualquer uma abaixo de 8% é considerada muito baixa. Em 2002, a taxa de juros para financiamento de 30 anos ficou aquém de 6%.

## COMO VOCÊ PODERÁ SER DEPENADO POR UM EMPRÉSTIMO DE 30 ANOS

Uma boa coisa com relação ao empréstimo de 30 anos é que a taxa permanece fixa por todo esse tempo. Outra é que ele é relativamente fácil de administrar. Afinal, os pagamentos mensais de 30 anos são mais baixos, digamos, que os de 15. Ainda assim muita gente se sai mal com esse financiamento. Por quê? Porque ficará devendo e pagando a casa para sempre.

Os bancos adoram os financiamentos de 30 anos: ficam ricos com eles. Infelizmente, se o banco enriquece, você empobrece. A matemática aqui é simples. Digamos que você compre uma casa por $250.000. Se fizer um financiamento típico de 30 anos a 8%, os pagamentos ao fim do prazo totalizarão cerca de $660.000! Pense nisso. Você compra uma casa de $250.000 e ela lhe custa na verdade $660.000! Para onde foram os outros $410.000? Serviram para pagar os juros de seu financiamento — quer dizer, foram para os cofres do banco, não para a sua casa.

O que torna um financiamento de 30 anos inadequado para a maioria das pessoas é que elas moram na casa por menos de dez. A média é de cinco a sete, apenas. Ora, se você mora numa casa por, digamos, dez anos e depois a vende, terá pago apenas 4% do principal! Isso mesmo. Em média, **durante os primeiros dez anos, mais de 90% de seus pagamentos referem-se a juros.** O simples ato de escrever isso me faz desejar abrir um banco. Em suma, dezenas de milhões de americanos que fizeram financiamentos de 30 anos estão gastando uma fortuna pagando as suas casas dessa maneira.

## COMO ECONOMIZAR UMA DÉCADA DE TRABALHO

É difícil ficar livre de dívidas — e muito menos rico — quando praticamente todos os pagamentos de um financiamento só cobrem os juros bancários. No entanto, é o que acontece durante os primeiros dez anos da maioria dos financiamentos de 30. Em outras palavras, com um financiamento desses, você passa os primeiros dez anos trabalhando duro para o banco, sem ganhar nada para si mesmo.

Há, porém, uma alternativa. Se adotar o sistema que vou lhe ensinar, conseguirá economizar quase uma década de trabalho.

## O SISTEMA SECRETO PARA LIVRAR-SE DA DÍVIDA DA CASA

O segredo para tornar-se um Milionário Automático é a simplicidade. Por isso, eis o que você deve fazer. Encontre uma casa ao seu gosto e compre-a. Obtenha um financiamento de 30 anos e use o meu sistema secreto.

Qual é esse sistema? Recorrer a um plano de pagamento quinzenal para liquidar o débito e automatizá-lo.

O que é um plano de pagamento quinzenal? Obrigado por perguntar. Continue lendo...

## O PLANO DE PAGAMENTO QUINZENAL DE FINANCIAMENTO DO MILIONÁRIO AUTOMÁTICO*

Todos podem fazer isso. O seu financiamento não precisa ser nada especial. Basta ter um. O que você fará é, simplesmente, ao invés de pagar mensalmente como faz, dividir o valor ao meio e pagar metade a cada duas semanas.

Façamos mais algumas contas simples. Digamos que o pagamento mensal de seu financiamento seja de $2.000. Normalmente, você pagaria isso uma vez por mês. Mas não pagará mais. A partir do próximo mês, passará a depositar na conta da financiadora $1.000 a cada duas semanas. Se agir assim, algo de miraculoso acontecerá. Dependendo da taxa de juros, você acabará liquidando a dívida toda em pouco tempo — algo entre cinco e dez anos! (A média é cerca de sete anos.)

Tem alguma idéia de quanto dinheiro pode economizar pagando mais cedo o financiamento? De novo, isso depende da taxa de juros, mas em média um proprietário americano consegue guardar até $100.000 durante o prazo de seu financiamento, apenas seguindo esse programa simples. E se tamanho incentivo não bastar, imagine como seria bom ficar livre da dívida e aposentar-se dez anos antes do que planejava!

## POR QUE ISSO FUNCIONA

O que acontece quando você paga a cada duas semanas, ao invés de mensalmente, é que acaba fazendo um pagamento extra de um mês por ano. (Pagando metade da obrigação mensal a cada duas semanas, no curso de um ano terá feito 26 meios-pagamentos — o equivalente a 13 pagamentos totais ou um pagamento a mais por ano.)

Eu disse acima que esse era um sistema secreto. Para ser honesto, já não é tanto. As financiadoras conhecem-no há anos e recentemente a mídia

* Não se aplica ao Brasil.

o comentou. Como a de Pagar-se em Primeiro Lugar, essa é uma tática que as pessoas talvez conheçam, mas não aplicam.

## A DIFERENÇA DE $119.000

Como mostra a tabela de amortização da página seguinte, recorrer ao plano de pagamento mensal de um financiamento de 30 anos, com taxa de juros de 8%, irá custar-lhe um total de $410.388,12 em juros, até o vencimento do prazo. Em bases quinzenais, o mesmo financiamento lhe custará um total de apenas $291.226,69 em juros. Ou seja, mudar para o plano quinzenal poupar-lhe-á mais de $119.000.

## COMO FAZER ISSO*

Para fazer um plano quinzenal, basta ligar para a financiadora ou banco que lhe concedeu o empréstimo. Diga-lhes que, a partir da próxima sexta-feira, você planeja começar a fazer os pagamentos em bases quinzenais e gostaria de saber se têm um plano desse tipo. Lembre-se, isso não quer dizer que estará refinanciando ou modificando o empréstimo. Quer dizer apenas que quer subscrever um serviço para pagar o financiamento de uma maneira um pouco diferente — ou seja, em bases quinzenais. São grandes as chances de a financiadora ou banco dispor desse programa.

**Eis aqui algumas das grandes vantagens de um plano de pagamento quinzenal automático:**

- Ele lhe poupa milhares de dólares em pagamentos de juros (talvez centenas de milhares).
- Ele coloca você num sistema de poupança forçada.
- Ele facilita o seu fluxo de caixa (porque você paga o financiamento toda vez que recebe).
- Você não precisa se preocupar nunca com atrasos do pagamento, pois este é automático.
- Ele diminui em vários anos o prazo do seu financiamento!

## BASTAM CINCO MINUTOS

Estabelecer um programa desses é muito fácil. Se o seu financiamento tiver sido concedido por um banco de grande porte, você provavelmente será encaminhado a uma companhia independente, que administra o programa pa-

* No Brasil não existe plano quinzenal. (N.R.)

| Pagamentos Mensais versus Pagamentos Quinzenais | | |
|---|---|---|
| Principal: **$250.000** | Taxa de Juros: **8,00%** | Prazo: **30 anos** |
| Pagamento Mensal: **$1.834,41** | | Pagamento Quinzenal: **$917,21** |
| Juros Médios Mensais: **$1.139,97** | vs. | Juros Médios Quinzenais: **$372,41** |
| Total de Juros: **$410.388,12** | | Total de Juros: **$291.226,69** |
| Ano | Saldo do Principal (Pagamentos Mensais) | Saldo do Principal (Pagamentos Quinzenais) |
| 1 | $247.911,59 | $245.930,37 |
| 2 | $245.649,84 | $241.523,53 |
| 3 | $243.200,37 | $236.751,55 |
| 4 | $240.547,60 | $231.584,16 |
| 5 | $237.674,64 | $225.988,62 |
| 6 | $234.563,23 | $219.929,44 |
| 7 | $231.193,58 | $213.368,21 |
| 8 | $227.544,25 | $206.263,32 |
| 9 | $223.592,02 | $198.569,74 |
| 10 | $219.311,76 | $190.238,67 |
| 11 | $214.676,24 | $181.217,31 |
| 12 | $209.655,98 | $171.448,45 |
| 13 | $204.219,03 | $160.870,16 |
| 14 | $198.330,82 | $149.415,36 |
| 15 | $191.953,90 | $137.011,44 |
| 16 | $185.047,69 | $123.579,76 |
| 17 | $177.568,27 | $109.035,14 |
| 18 | $169.468,06 | $93.285,38 |
| 19 | $160.695,54 | $76.230,62 |
| 20 | $151.194,91 | $57.762,73 |
| 21 | $140.905,72 | $37.764,62 |
| 22 | $129.762,54 | $16.109,50 |
| 23 | $117.694,48 | $0,00 |
| 24 | $104.624,78 | $0,00 |
| 25 | $90.470,30 | $0,00 |
| 26 | $75.141,00 | $0,00 |
| 27 | $58.539,38 | $0,00 |
| 28 | $40.559,83 | $0,00 |
| 29 | $21.087,99 | $0,00 |
| 30 | $0,00 | $0,00 |
| Result.: | Pago em 30 anos | Pago em 23 anos |

ra ele. Essa companhia automatizará todo o processo mediante uma taxa única de $195 a $395, mais um encargo de transferência nominal que (dependendo da empresa) pode ir de $2,50 a $6,95 a cada duas semanas, quando a companhia passa automaticamente o seu dinheiro da conta corrente para a conta do financiamento.

## O QUE PROCURAR

Inúmeras companhias proporcionam hoje esses serviços. Recomendo que você escolha a indicada por seu banco. Desse modo, ficará relativamente seguro de estar lidando com uma empresa idônea.

## O QUE PERGUNTAR

As três perguntas mais importantes que você deve fazer a uma prestadora de serviços antes de subscrever o seu plano de pagamento quinzenal do financiamento são estas:

- O que vocês fazem com o meu dinheiro?
- Quando vocês transferem realmente para o financiamento os pagamentos extras?
- Quanto me custará a adesão ao programa?

Essas três perguntas são cruciais e explico por quê. Algumas companhias retêm o dinheiro que você destina ao financiamento e só o repassam à financiadora numa soma única anual. Não é isso o que você quer. Você quer que a companhia faça os pagamentos extras o mais rápido possível. Assim, eles amortizarão o financiamento mais depressa. Você quer saber também se os custos compensam as economias que fará, para tomar uma decisão bem-fundamentada.

## POR QUE EU MESMO NÃO POSSO FAZER ISSO?

Pela lógica, você deveria ser capaz de seguir um programa desses sem a ajuda de ninguém. Infelizmente, não é. Se dividir o pagamento mensal em dois e mandá-lo a cada duas semanas ao banco, este devolverá o dinheiro por não saber o que fazer com ele. Sem dúvida, você poderá ligar para lá e explicar, mas sei por experiência que a resposta será "não".

## ISSO NÃO FICA MUITO CARO?

Façamos as contas. Se você pagar $2,50 por transferência a cada duas semanas, gastará mais ou menos $65 por ano. Depois de vinte e dois anos, pouco mais de $1.430, sem incluir a taxa de adesão. Considere que a taxa de transferência provavelmente subirá muito pouco com o tempo, de modo que não há como um sistema quinzenal de pagamento do financiamento custar-lhe milhares de dólares.

Mas por que fazer isso? A resposta é que os poucos milhares de dólares que gastar vão economizar-lhe dezenas de milhares, se não mais. No exemplo simples que apresentei nas páginas 115-117, você teria poupado mais de $119.000 pelo prazo do financiamento. Supondo que você escolha a companhia mais cara da praça e gaste $10.000 com esse programa ao longo de vinte e dois anos, ainda poupará $109.000.

Acredite-me. Muitas pessoas ficam horrorizadas quando lêem isso. Alvoroçam-se ante a idéia absurda de que empregar uma quantia equivalente ao custo de um almoço no McDonald's por mês, para ter o seu financiamento completamente automatizado, pode livrá-las da dívida uma década antes do que calculavam. Tais pessoas são sábias com dinheiro pequeno e insensatas com dinheiro grande. Não percebem o "x" da questão — que, se subscreverem um programa quinzenal de pagamento, poderão criar em poucos minutos um sistema simples e completamente automatizado, o qual as desobrigará da dívida muito antes do que por qualquer outro meio, aproximando-as mais e mais da situação do Milionário Automático. E não é só isso: como serviço extra, as companhias que administram programas de pagamento quinzenal muitas vezes revisam anualmente as contas de seu financiamento, à cata de possíveis erros que o banco possa haver cometido ao creditar o seu dinheiro. É um excelente serviço. Quer você faça ou não pagamentos extras, vigie o seu financiamento como um falcão! Os bancos erram a torto e a direito quando creditam pagamentos de financiamento — e, se não forem detectados, esses erros podem custar-lhe muito dinheiro.

## DUAS MANEIRAS SIMPLES DE FAZER A MESMA COISA SEM GASTAR NADA

Está bem, você ouviu o meu argumento e continua achando que não deve gastar essa quantia. Gosta da idéia de ficar livre da dívida rápida e automaticamente, mas planeja almoçar no McDonald's este mês e precisa do dinheiro.

Compreendo. Também eu gosto do McDonald's. Falando sério, não se preocupe com isso. Eis aqui duas maneiras simples de conseguir praticamente a mesma coisa **sem pagar nenhuma taxa.**

## MÉTODO GRÁTIS Nº 1

Não importa o valor de seu pagamento, acrescente-lhe 10% todo mês. Usando o exemplo das páginas 115-117, digamos que o seu pagamento mensal seja de $1.834. Dez por cento disso dá $183. Se você pagar exatamente um extra de $183 por mês (ou seja, enviar ao banco $2.017 em vez de $1.834), acabará pagando a sua casa em vinte e dois anos, e economizando aproximadamente $129.000 pelo prazo do financiamento. Se não quiser fazer as contas você mesmo, ligue para o banco, diga-lhes que está interessado em pagar um extra de 10% e peça que lhe enviem por correio ou fax uma tabela de amortização. Eles provavelmente farão isso, grátis, em poucos minutos. Uma vez que esse método não tem tarifas de adesão nem de transação, você economizará cerca de $15.000 a mais do que com o plano quinzenal.

De novo, o segredo para que tudo funcione é a automatização. Se você for como a maioria das pessoas, não quererá preencher todo mês um cheque para cobrir 110% do pagamento mensal de seu financiamento: independentemente do que lhe aconteça na época, você sempre encontrará uma boa razão para concluir que aquele não é um bom mês para fazer um pagamento extra.

O modo de evitar essa armadilha é a automatização. Providencie para que o pagamento de seu financiamento seja transferido automaticamente da conta corrente.

## MÉTODO GRÁTIS Nº 2

Não importa o valor de seu pagamento, apenas escolha um mês por ano para pagar duas vezes. Isto é, envie ao banco um pagamento extra por ano. Sugiro que o faça em maio ou junho, logo depois de receber a devolução do Imposto de Renda. Mas, qualquer que seja o mês, não mande ao banco um cheque com o valor dobrado. Isso os confundirá. Preencha dois cheques, cada qual com o valor equivalente ao pagamento de um mês. Envie um anexado ao cupom do financiamento, como sempre, e o outro com uma nota explicando que deseja aplicar os dois em seu principal. Isso lhe proporcionará a mesma economia de custos que o plano extra de 10%, sem nenhuma outra taxa.

## QUANDO TODAS AS COISAS SÃO IGUAIS...

Verdade seja dita, embora esses métodos grátis funcionem, no mundo real pouca gente fará os pagamentos extras requeridos, uma vez por ano ou uma vez por mês. Eis, portanto, o que aconselho. Decida se quer que outra pessoa faça isso em seu lugar ou se você mesmo se dispõe a fazê-lo. Caso precise de ajuda, recorra ao banco, pergunte quem eles lhe recomendam, e calcule os custos. Peça que a companhia lhe envie todas as informações de que disponha sobre os seus planos de pagamento quinzenal de financiamento e LEIA os folhetos. Ainda que não contrate os seus serviços, você ficará sabendo mais a respeito das vantagens de liquidar mais cedo a dívida. Calcule se o custo adicional compensa a antecipação automática da compra mais rápida da casa.

Se decidir não enveredar por esse caminho, a minha recomendação é que tente a primeira opção grátis: pagar um extra de 10% sobre a parcela mensal. Você poderá automatizar o pagamento extra simplesmente aumentando o valor da transferência combinada entre o banco onde tem conta corrente e a financiadora que emprestou o dinheiro, todos os meses.

## PERGUNTAS QUE VOCÊ DEVERÁ FAZER AO SEU BANCO

Não importa o caminho que você tome, há duas perguntas que, antes de tudo, deverá fazer ao seu banco ou financiadora.

**Posso fazer pagamentos extras do meu financiamento sem nenhuma taxa?**

A resposta terá de ser sim. (Nunca subscreva um financiamento que preveja multas.)

**Se eu enviar dinheiro extra, além do exigido para pagar o financiamento, o que precisarei fazer para ASSEGURAR-ME de que esse dinheiro será usado na amortização do principal?**

VOCÊ DEVE FAZER ESSA PERGUNTA! Coisa curiosa, o procedimento normal de muitos bancos é manter pagamentos extras em contas sem juros, ao invés de usá-los para amortizar o seu empréstimo. O banco provavelmente lhe dirá que você precisa mandar-lhe uma carta exigindo que o pagamento extra seja destinado à amortização do principal. (Pergunte se o banco tem um formulário para esse fim.) Alguns bancos poderão até pedir que você envie pagamentos extras (os 10% adicionais) separadamente. Se você automatizou os pagamentos, isso não exigirá muito. O banco simplesmente automatizará duas transferências de fundos por mês no mesmo dia.

## E SE EU PLANEJAR MORAR EM MINHA CASA MENOS DE TRINTA ANOS?

Mais atrás, eu ressaltei que, em média, os proprietários residem em suas casas menos de dez anos. Sendo assim, por que você tentaria pagar logo o financiamento se, ao que tudo indica, pretende vender a casa e mudar-se?

Resposta: poupança automática forçada. Quanto mais depressa você liquidar o empréstimo, mais depressa começará a lucrar com a casa. Quando vendê-la, recolherá o lucro. E nessa altura poderá usá-lo para dar entrada numa outra, com financiamento igual, ou acrescentá-lo à sua poupança. Qualquer das duas saídas é ótima.

## POR QUE OS BANCOS ODEIAM FINANCIAMENTOS QUINZENAIS

A maioria dos bancos não encoraja esses planos de pagamento. Por quê? O motivo principal é óbvio: dinheiro! Os bancos ganham muito mais em empréstimos com prazo de trinta anos do que com prazo de digamos, vinte.

Mas há também outras razões. Quando você faz pagamentos extras, o banco terá de manusear o seu dinheiro com mais freqüência do que se esses pagamentos fossem feitos mensalmente. Isso aumenta os custos operacionais. Entretanto, é um problema deles, não seu. Como Milionário Automático, você deve preocupar-se com economizar dinheiro e apressar o dia em que se verá livre de dívidas. Eis por que fazem sentido o plano de pagamento quinzenal ou simplesmente um pequeno pagamento extra todos os meses. Essa idéia, se adequadamente implementada, poderá aumentar em 6.000 vezes o retorno do investimento que você fez neste livro. Mais importante ainda, poderá enriquecê-lo mais depressa e capacitá-lo a aposentar-se mais cedo. **Isso prova de novo que, quando usada, a informação é poder.** No Brasil, pode-se solicitar redução do prazo, mas não há pagamentos quinzenais.

### PASSOS DE AÇÃO DO MILIONÁRIO AUTOMÁTICO

Eis o que você deveria estar fazendo agora para tornar-se um proprietário livre de dívidas... automaticamente.

- ☐ Se ainda não possui uma casa, tome a decisão de tornar-se proprietário.
- ☐ Decida pagar mais depressa o financiamento adotando o plano quinzenal ou fazendo você mesmo os pagamentos, acrescidos de um extra por mês ou por ano.
- ☐ Se estiver interessado num plano de pagamento quinzenal, entre em contato com o seu banco e pergunte se ele oferece esses programas ou pode recomendar-lhe uma empresa que o faça.
- ☐ Não importa qual seja a sua opção de pagamento, AUTOMATIZE-A.

## SISTEMA FINANCEIRO DE HABITAÇÃO NO BRASIL

O que é SFH?

O Sistema Financeiro de Habitação foi criado pelo governo federal através da lei nº 4.380, de 21 de agosto de 1964, para facilitar a aquisição da casa própria. O objetivo, em tese, era favorecer as classes de baixa renda. Segundo as regras, a casa obtida pelo mutuário será de uso próprio, não podendo ser revendida, alugada, ou usada com fim comercial e por outra pessoa que não o financiado. A lei prevê a rescisão do contrato de financiamento em caso de locação ou inadimplência do mutuário.

As duas fontes tradicionais de recursos são a Caderneta de Poupança e o Fundo de Garantia por Tempo de Serviço (FGTS). A Caderneta é a principal. Por lei, 70% da captação deve ser destinada a financiamentos habitacionais, sendo que, deste total, 80% devem ser aplicados em operações do SFH, e o restante, em operações a taxas de mercado, conhecidas como Carteiras Hipotecárias. Pelo SFH financiam-se até R$90 mil, para imóveis de até R$180 mil.

O fim do BNH, em 1988, fez com que a Caixa Econômica Federal assumisse a gestão do SFH e herdasse um prejuízo de R$2,5 bilhões. O governo teve boa parte da culpa pela crise do SFH, já que não soube administrar o sistema e ainda criou um monstro, o Fundo de Compensação de Variações Salariais.

Atualmente é possível adquirir imóveis novos e usados com financiamento bancário. Existem à disposição dos interessados diversos tipos de crédito: além dos tradicionais SFH e Carteira Hipotecária, há o leasing e até financiamento com recursos externos. Alguns bancos privados, como o Banco de Boston, o Citibank, o Itaú e o Real também operam linhas de crédito imobiliário. Para obter o dinheiro não é preciso ser cliente.

## O ROMBO DO FCVS

O Fundo de Compensação de Variações Salariais nasceu em 1967 para garantir o pagamento de eventuais resíduos de saldos devedores dos mutuários ao fim do prazo contratual. Como as prestações na época eram reajustadas de ano em ano e o saldo devedor tinha correção trimestral, foi criado em 1969 o Coeficiente de Equiparação Salarial (CES) para reduzir possíveis resíduos.

Com décadas de alta inflação, defasagem salarial e intervenções do governo nos contratos, o CES foi subdimensionado. O descompasso entre o reajuste das prestações e dos saldos foi maior que o previsto. O salário mínimo foi substituído como indexador das prestações pelo Salário Mínimo Habitacional, e depois pela Unidade Padrão de Capital, que subiram menos que os salários entre 1973 e 1982. Em 85, no governo Sarney, as prestações foram reajustadas em 112%, enquanto os saldos devedores tiveram correção de 246%, com base nos índices de poupança. É a maior causa de rombo do FCVS.

No Plano Cruzado, em 1986, o valor das prestações foi ajustado por índices inferiores à inflação, com base na média dos 12 meses anteriores. No Plano Bresser, em 87, houve congelamento temporário e adoção de nova política salarial. No Plano Verão, em 89, as prestações voltaram a ser congeladas entre fevereiro e maio. No Plano Collor, em 90, a inflação de 84,32% foi aplicada aos saldos devedores e não às prestações. Em 91, no Plano Collor II, não houve política salarial até setembro, e os saldos passaram a ser corrigidos pela TR.

Todo contrato habitacional levado ao FCVS para habilitação, ou seja, entrar na fila para receber de volta o resíduo de saldo devedor, é recalculado. No recálculo dos mais antigos, o saldo devedor chega a cair de 20% a 30%.

O FCVS, criado para cobrir os resíduos dos saldos devedores não pagos pelo mutuário no final do contrato, gerou uma dívida potencial de R$60 bilhões por causa dos benefícios concedidos pelo governo aos mutuários ao longo das décadas passadas.

## AS TENTATIVAS DE REVERTER A SITUAÇÃO

Para tentar aumentar as opções de financiamento a CEF criou o programa de Cartas de Crédito, com recursos do FGTS. A Caixa analisa a renda do candidato e fornece uma carta de determinado valor. Por exemplo: com uma renda mensal de R$3.670,00, o mutuário recebe uma carta de R$63 mil (mensalidade de R$845,00). O interessado tem, então, 180 dias para encontrar um imóvel compatível com o financiamento. Mesmo assim a situação não melhorou: apesar de a Caixa ter inscrito 838 mil pessoas, só 5 mil cartas foram concedidas. Isso porque o inscrito dificilmente encontrava um imóvel, e quando conseguia muitas vezes a documentação estava irregular, ou havia outro problema. De janeiro a maio de 96, nenhuma carta foi emitida, embora mais de 50 mil pessoas tenham se candidatado.

Outra alternativa criada no ano passado foi a poupança vinculada: neste caso, o poupador faz depósitos mensais durante um período, e, depois, obtém um crédito de valor idêntico ao poupado para comprar um imóvel.

Mas ainda o sistema no Brasil deixa muito a desejar se comparado com aquele que prevalece nos Estados Unidos da América comentado nesta publicação.

CAPÍTULO 7

# O ESTILO DE VIDA SEM DÍVIDAS

Para muitos de nós, as dívidas podem funcionar como uma armadilha que nos força a trabalhar mais do que deveríamos. O que nos faz dever são maus hábitos como gastar exageradamente com o cartão de crédito e ir pagando-o aos poucos, se é que pagamos. Você pode arruinar-se por causa desses maus hábitos ou pode decidir eliminá-los. Uma das lições mais importantes deste livro é que os Milionários Automáticos não ficam devendo.

No presente capítulo, você aprenderá a dar uma série de passos concretos que lhe permitirão retomar o controle sobre os seus cartões de crédito e ficar livre de dívidas no futuro. Mas mesmo que não possua dívidas desse tipo, leia o capítulo porque ele irá motivá-lo a continuar sem elas.

## PEÇA DINHEIRO EMPRESTADO PARA FAZER DINHEIRO, NÃO PARA PERDÊ-LO

Um dos motivos pelos quais Jim e Sue McIntyre sempre evitavam débitos no cartão de crédito era o fato de terem sido criados por pais da velha escola, do tempo da Depressão. Se você conhece alguém que sobreviveu à Grande Depressão dos anos 1930, sem dúvida terá ouvido as suas histórias sobre como era ver a pobreza absoluta instalada por toda parte. Não havia empregos. As pessoas não tinham dinheiro.

Embora algumas lojas dessem prazo aos bons fregueses, cartões de crédito tais quais os conhecemos hoje não existiam. Ou seja, se você não tivesse dinheiro, estava em apuros. Em conseqüência, as pessoas que amargaram a Grande Depressão emergiram dela com horror a dívidas e uma crença inabalável na importância das economias. Pergunte a qualquer sobrevivente da Grande Depressão o que ele pensa sobre dívidas e aposto que a resposta será mais ou menos esta: "O empréstimo só faz sentido quando você o emprega na compra de algo que aumente de valor — como uma casa".

## DIGA A VERDADE: VOCÊ TEM CHAPÉU GRANDE E NENHUM GADO?

A gente do Texas tem uma ótima maneira de descrever alguém que tenta passar pelo que não é. Chama-o de um sujeito de "chapéu grande e nenhum gado".

Em outras palavras, o camarada parece um fazendeiro rico, mas na verdade não tem fazenda alguma, nem gado, nem nada. Apenas um chapelão (e provavelmente um carro espalhafatoso).

Diariamente, encontro pessoas com ares de rico. Você sem dúvida as encontra também. Têm boas roupas, dirigem automóveis de luxo e às vezes até moram em mansões. Mas, se examinar as suas finanças, verá que não possuem sequer o que vestem, o que dirigem e o que habitam. Tudo é alugado ou comprado com um pedaço de plástico. Essas pessoas só possuem mesmo uma montanha cada vez mais alta de dívidas no cartão.

E você?

## EM MÉDIA, A FAMÍLIA AMERICANA DEVE $8.400 NO CARTÃO DE CRÉDITO

Veja se esse chapéu serve em você.

Uns pelos outros, os americanos devem atualmente meio trilhão de dólares no cartão de crédito. (Apenas no cartão, note bem — o valor não inclui aluguéis de carros, hipotecas e outros débitos.) Isso monta a cerca de $8.400 por família.

## POR QUE MUITOS AMERICANOS PAGARÃO OS SEUS CARTÕES DE CRÉDITO PELO RESTO DA VIDA

O que você acha que a maioria das pessoas faz quando recebe a conta do cartão de crédito todo mês? Se respondeu que paga apenas o mínimo exigido, acertou.

Adivinha quanto lhe custaria liquidar o débito de $8.400 no cartão de crédito, que cobra juros de 18%, se pagasse apenas o mínimo todo mês?

A resposta é $20.615! Mas espere — o pior você ainda não sabe.

## COM ESSA TAXA, VOCÊ FICARIA PAGANDO O CARTÃO POR TRINTA ANOS!

Se, todo mês, você só pagasse o mínimo exigido para uma dívida de $8.400, teria de pagar durante 365 meses até zerá-la. Isso equivale a trinta anos e cinco meses — presumindo-se que você não acrescente mais nenhum centavo de dívida ao cartão, nunca tenha de pagar multa por atraso e não arque com nenhuma taxa de manutenção anual.

Pode-se imaginar uma coisa dessas? O equivalente a trinta anos e cinco meses de pagamentos — e isso para um cartão que cobra 18% de juros anuais. Outros cartões cobram muito mais, alguns até 29%. (Seria bom que no Brasil as taxas fossem nesses níveis! Os juros dos cartões aqui são também exorbitantes, e as taxas são de três a cinco vezes maiores que as taxas de juros do mercado.)

Resumindo: você não poderá tornar-se um Milionário Automático se só pagar o mínimo mensal de sua dívida no cartão de crédito. Se fizer isso, só o que conseguirá será enriquecer a empresa do cartão enquanto você mesmo continua pobre.

## COMO UM DIA DE COMPRAS PODE EXIGIR TRINTA ANOS PARA SER PAGO

Talvez o maior perigo dos cartões de crédito seja a facilidade com que nos envolvem. Pense na prática comum de alguns lojistas, que prometem descontos se o cliente tiver o cartão do estabelecimento. Eis como a coisa funciona. Imagine-se na filial local de uma grande cadeia nacional de confecções. Você comprou artigos no valor de $1.100 (digamos, três camisas, duas blusas, uma calça ou saia e um par de sapatos). Enquanto faz o embrulho, o vendedor simpático, bem apessoado e sorridente lhe pergunta: "O senhor não gostaria de ter um desconto de 10% no valor da compra? Veja, poderia economizar mais de cem dólares se ficasse com um dos nossos cartões. E isso só levaria um minuto".

O comprador típico, tentando ser esperto, pensaria: "*Mas que ótimo! Vou economizar uns cem dólares! É pra já!*"

Imagine agora que, ao receber a conta, você fizesse o pagamento mínimo — exatamente o que a loja espera que faça. Se a taxa de juros for de 18%, o saldo de $1.000 lhe exigirá 153 pagamentos — ou perto de treze anos — para ser liquidado. A essa altura as roupas já teriam se acabado e você teria pago mais de $2.100 por uma compra no valor de $1.000.

Eis aí um grande negócio para a loja e um verdadeiro desastre para você.

Por isso, aqui vai a minha sugestão sobre como você deverá agir quando o sorridente vendedor lhe perguntar se não deseja um desconto e lhe empurrar um cartão de crédito.

## BASTA DIZER NÃO

Repita comigo.

Não.

Não. Não quero um cartão de crédito.

Não. Não quero 10% de desconto.

Não. Não quero isenção de juros por seis meses.

Não.

NÃO.

NÃO!

## QUANTO VOCÊ DEVE?

Espero que, agora, você esteja bastante motivado a sair das dívidas e ficar longe delas.

A pergunta é: você tem dívidas no cartão de crédito?

### SIM, TENHO... MAS NÃO POR MUITO TEMPO

Tenho _____________ [coloque quantos] cartões de crédito em meu nome.

A minha esposa/esposo tem __________ cartões de crédito em seu nome.

Os meus filhos (ou outros dependentes) têm __________ cartões de crédito em seu nome.

O total atual de dívidas em todos esses cartões é de $ __________________.

A taxa média de juros que estamos pagando sobre o débito é de __________%.

## CUIDADO COM O "PASSE DE MÁGICA"

É importante ser realista com relação a dívidas no cartão de crédito. Você não conseguirá solucionar os seus problemas da noite para o dia. Provavelmente, levou muito tempo contraindo a dívida e, ao que tudo indica, levará muito tempo para liquidá-la.

Com isso em mente, desconfie dos espertalhões que proclamam poder resolver todos os seus problemas de crédito com algum passe de mágica. Se você está enterrado em dívidas, há firmas de consultoria de crédito idôneas que poderão ajudá-lo a elaborar um plano de pagamento.

## OPERAÇÃO "CHEGA DE DÍVIDAS"

Vejamos agora o que fazer. Há cinco passos concretos que você deve dar para sair das dívidas no cartão de crédito e permanecer longe delas.

### PRIMEIRO PASSO: PARE DE CAVAR

Comecemos pelo básico. Se você caiu no buraco do cartão de crédito — isto é, se tem dívidas e quer sair delas —, então pare de cavar.

O que significa isso? Bem, a fim de parar de cavar ainda mais fundo, o bom seria jogar a pá fora. Em outras palavras, livre-se de seus cartões de crédito. Afinal, alguém que quer saldar dívidas no cartão de crédito e anda com ele na carteira lembra o alcoólatra que tenciona largar de beber e traz sempre uma garrafa no bolso.

Nesse ponto, falo por experiência própria. Eu tinha sérios problemas com o cartão. (Quando na faculdade, gastei mais de $10.000 em roupas, móveis, equipamentos de som e outras coisas de que na verdade não precisava e na verdade não podia permitir-me.) Após tentar várias formas de exercícios de autocontrole, descobri que a única eficaz era PARAR DE IR ÀS COMPRAS COM O CARTÃO NO BOLSO.

### SEGUNDO PASSO: RENEGOCIE A TAXA DE JUROS DE SEU DÉBITO

Além de tomar providências para evitar que as coisas piorem ainda mais, tente melhorar a sua situação atual. O objetivo básico, aqui, é tornar o mais fácil possível a liquidação do débito no cartão de crédito. A maneira mais eficaz de conseguir isso é solicitar à companhia que baixe a taxa de juros que ela lhe cobra.

Eis o que fazer.

**1. Descubra quanto de juros está pagando.**
Pegue os demonstrativos do seu cartão de crédito e leia as letrinhas miúdas. Que taxa você está pagando atualmente sobre o montante da dívida? Talvez ache difícil descobrir isso. (Afinal, as companhias não querem realmente que você saiba quanto paga.) Nesse caso, ligue para a companhia e pergunte quanto, exatamente, a sua dívida está lhe custando. Diga-lhes que quer

saber a taxa exata, não a média. Eles entenderão a pergunta e por lei terão de dizer a verdade.

**2. Solicite uma taxa menor.**

Após descobrir qual a taxa de juros que você está pagando atualmente, diga à companhia que ela é alta demais e que gostaria de pagar menos. (Faça isso para todos os cartões que possui.) Se a companhia disser não, informe que irá fechar a conta nessa semana mesmo e transferir o débito para um concorrente que cobra uma taxa menor. Para não haver dúvidas de que está falando sério, mencione o nome do concorrente. (Talvez seja difícil citar um nome na hora, já que sem dúvida você vive recebendo pelo correio propostas de companhias ansiosas para que você transfira o seu débito para elas.) Seja lá como for, não perca tempo discutindo taxas com o primeiro funcionário que atender à chamada. Peça para falar com um supervisor. Os supervisores têm autoridade para conceder-lhe uma taxa menor na hora. Em muitos casos, você pode conseguir abater a taxa pela metade, simplesmente pedindo, e até cancelar a tarifa anual de manutenção do cartão.

**3. Consolide o débito.**

Se você tem vários cartões de crédito, um modo realmente eficaz de facilitar a liquidação das dívidas é consolidá-las todas num único cartão.* De novo, só o que você precisa fazer é "pedir". Quando você negociar com as companhias de cartão de crédito para baixar a taxa de juros, diga-lhes que vai transferir todas as dívidas para outra que oferece uma taxa menor. O que significa uma taxa menor? Bem, os bons negociadores fazem primeiro uma pesquisa. Veja qual é a taxa média nacional para cartões de crédito — e peça um corte pela metade. Melhor ainda, pergunte à companhia o que ela está oferecendo a clientes que, como você, desejam consolidar os seus débitos. Faça com que ela deseje aceitá-lo! Talvez aconteça que, para ficar com todos os seus negócios, uma das companhias proponha abolir os juros por seis meses. Mas, cuidado — pergunte qual será a taxa no sétimo mês e guarde-a de memória! Ela poderá saltar para 25%, caso em que precisará recorrer novamente a outra companhia. O jogo aqui, obviamente, não é enganar companhias de cartão de crédito. É descobrir a menor taxa de juros possível e depois dar os próximos três passos para livrar-se das dívidas.

* No Brasil ainda não se pode consolidar os débitos num único cartão. (N.R.)

## TERCEIRO PASSO: PAGUE PELO PASSADO; PAGUE PELO FUTURO

Mais atrás, vimos que o montante da fortuna que você vai acumular é determinado pelo modo como o dinheiro flui ao longo da sua vida. Com isso em mente, sugiro que tenha por objetivo Pagar-se em Primeiro Lugar 10% da sua renda bruta. No entanto, se tiver dívidas no cartão de crédito, você precisa de um plano diferente.

Eis o que sugiro às pessoas endividadas no cartão. Qualquer que seja a quantia que decida Pagar-se em Primeiro Lugar, divida-a ao meio, reserve 50% para você e 50% para o pagamento do débito.

Digamos, por exemplo, que você ganhe $50.000 por ano e tenha decidido Pagar-se em Primeiro Lugar 10% da sua renda bruta. Normalmente, isso significaria reservar $5.000 por ano, ou $416 por mês, para si mesmo. Mas se tiver dívidas no cartão de crédito, melhor será dividir os $416 mensais ao meio, guardar $208 para você mesmo e $208 para amortizar o débito.

O motivo de eu recomendar a divisão desse dinheiro é que, assim, você pode fazer progressos para o futuro enquanto vai se livrando da dívida. O fundamento lógico, aqui, é tanto emocional quanto financeiro. Fazendo as duas coisas ao mesmo tempo, você sentirá o seu progresso. Verá o dinheiro sendo economizado e o débito sendo reduzido.

Se você destinasse todo o seu fluxo de caixa disponível para a redução do débito, com o compromisso de não começar a economizar até desonerar-se por completo, tardaria anos e anos a iniciar a sua poupança para o futuro. Isso é muito negativo — tão negativo, em verdade, que quem segue esse caminho quase sempre desanima, desiste e não economiza nada. Chamo ao meu sistema "Enterre o passado e dê um salto para o futuro". Tente-o. Ele funciona.

## QUARTO PASSO: ANIQUILE O SEU DÉBITO

Conforme mencionei acima, o meio mais fácil e rápido de livrar-se das dívidas no cartão de crédito é consolidar todos os saldos numa só conta e depois, como sugeri no Terceiro Passo, usar metade do dinheiro com que se pagou para liquidá-los. Mas o que fazer se, por alguma razão (por exemplo, se você dever tanto que nenhuma companhia aceite conceder-lhe limite suficiente de crédito), não conseguir consolidar o seu débito?

A resposta é DOLPear a sua saída das dívidas.

A idéia básica consiste em livrar-se das dívidas no cartão de crédito de uma vez por todas liquidando todos os saldos e em seguida fechando todas as suas contas de cartão.

Em outras palavras, todos os seus cartões irão Morrer no Último Pagamento (*Dead on Last Payment*, ou simplesmente DOLP).

Sem dúvida, quando se tem uma grande quantidade de cartões, imaginar um modo de liquidar todos pode ser desalentador. Você pagará um pouquinho em todos, ao mesmo tempo? Ou vai concentrar-se num só cartão por vez? Nesse último caso, qual cartão será?

É aí que entra o sistema DOLP.

Eis como deverá proceder.

- Faça uma lista do que você deve em cada cartão.
- Divida cada saldo pelo pagamento mínimo que a companhia exige. O resultado será o número DOLP dessa conta de cartão. Digamos que o seu saldo no Visa seja de $500 e o pagamento mínimo, de $50. Dividindo o débito total ($500) pelo pagamento mínimo ($50), você obterá o número DOLP de 10.
- Após determinar o número DOLP para cada conta, disponha esses números na ordem inversa, com o menor número DOLP primeiro e o maior por último. A tabela abaixo mostra como deverá ser a sua lista.

| Conta | Saldo Pendente | Pagamento Mínimo Mensal | DOLP (Saldo Pendente Dividido por Pagamento Mínimo Mensal) | Classificação DOLP (o número DOLP mais baixo = 1) |
|---|---|---|---|---|
| Visa | $500 | $50 | 10 | 1 |
| MasterCard | $775 | $65 | 12 | 2 |
| Cartão C&A | $1.150 | $35 | 33 | 3 |

Agora você já sabe qual a melhor ordem para liquidar os seus diversos saldos de cartão de crédito. Pegue metade do dinheiro com que se Paga em Primeiro Lugar e aplique-a no número DOLP mais baixo. Para cada um dos outros cartões, faça apenas o pagamento mínimo.

No exemplo acima, o cartão com o número DOLP mais baixo é o Visa. Portanto, todo mês, você destina metade da quantia com que se Paga em Primeiro Lugar a reduzir esse saldo, enquanto paga o mínimo nos outros cartões. Depois de DOLPear a conta Visa (isto é, depois de liquidá-la), feche-a e volte a atenção para o cartão seguinte da lista DOLP — nesse caso, o MasterCard.

Continue fazendo assim até saldar todas as dívidas dos cartões.

Eis uma tabela em branco para você preencher com a sua própria lista.

| Conta | Saldo Pendente | Pagamento Mínimo Mensal | DOLP (Saldo Pendente dividido por Pagamento Mínimo Mensal) | Classificação DOLP (o número DOLP mais baixo = 1) |
|---|---|---|---|---|
| | | | | |
| | | | | |
| | | | | |
| | | | | |
| | | | | |
| | | | | |

## QUINTO PASSO: AUTOMATIZE!

Estabelecer um plano de pagamento automático para o seu cartão de crédito é fácil. Basta telefonar para a companhia e dizer que gostaria de automatizar os pagamentos a partir de sua conta corrente, todos os meses. Se a companhia não prestar esse serviço, indague em seu banco se ele faz pagamentos de contas *online* e determine que, todo mês e em data certa, o dinheiro seja transferido automaticamente da conta corrente para a da companhia do cartão de crédito. Conforme expliquei acima, o montante do débito deve ser metade da quantia com que você se Pagou em Primeiro Lugar.

### PASSOS DE AÇÃO DO MILIONÁRIO AUTOMÁTICO

Revendo os passos apresentados neste capítulo, eis o que você deveria estar fazendo agora para livrar-se das dívidas do cartão de crédito... automaticamente.

- ❑ Não leve os cartões no bolso.
- ❑ Renegocie as taxas de juros.
- ❑ Consolide o débito. Se isso não for possível, comece DOLPeando as contas dos cartões.
- ❑ Destine metade do que se Paga em Primeiro Lugar à amortização do saldo.
- ❑ Automatize o processo. Peça à companhia do cartão que debite a quantia em sua conta corrente, todos os meses.

Estamos quase lá. Resta apenas um capítulo, que aborda algo em que muitas pessoas desejosas de tornar-se milionárias não pensam, mas deveriam pensar: como enriquecer retribuindo — especificamente, como tornar o mundo melhor automatizando as suas contribuições de caridade e dízimos.

CAPÍTULO 8

# FAÇA A DIFERENÇA COM O DÍZIMO AUTOMÁTICO

*Sobrevivemos do que ganhamos — vivemos do que damos.*

— Winston Churchill

Ter comprado e lido este livro até o último capítulo faz de você alguém muito especial. Inúmeras pessoas compram livros que tratam de dinheiro, mas poucas realmente os lêem até o fim. Portanto, parabéns. Espero que se tenha inspirado a praticar alguns atos simples que terão forte impacto em sua vida, a longo prazo.

Os princípios que aprendeu no curso da leitura são estratégias comprovadas para conquistar riqueza e segurança financeira, automaticamente. São intemporais. Ponha-os em prática e realizará os seus sonhos financeiros. Mas não se preocupe apenas com resultados. Você merece usufruir da jornada.

Tornar-se um Milionário Automático não é apenas acumular riqueza. É também ficar livre de inquietações e angústias com o futuro — colocar-se em posição de gozar a vida hoje e amanhã. Em outras palavras, um plano automático deve modificar não só o seu futuro, mas também o seu presente.

Considerando isso, vamos dar juntos o último passo da nossa jornada — aquele que lhe possibilitará sentir-se um milionário agora mesmo, ainda que faltem anos para sê-lo realmente. Como conseguir isso? Sendo um doador tanto quanto um poupador — mais especificamente, usando os instrumentos que lhe permitirão enriquecer para tornar o mundo um lugar melhor.

## A VIDA NÃO É SÓ DINHEIRO

A idéia de que há algo mais na vida do que dinheiro pode parecer-lhe um pouco estranha num livro sobre como tornar-se um milionário. Mas é verdade. E, bem no fundo, todos sabemos disso.

Não me interprete mal. O dinheiro é bom e desejo sinceramente que você consiga a riqueza que quer. Como diz o ditado, já vi gente rica e gente pobre, e gente rica estava melhor. O dinheiro, porém, não dará significado à sua vida. Realmente, não.

Para que perseguimos a riqueza? Não acho que façamos isso pelas coisas que o dinheiro pode nos dar (por mais bonitas que sejam) e sim em troca de um sentimento. Talvez pensemos que desejamos um belo carro, uma conta milionária no banco, uma mansão, dinheiro para a aposentadoria ou para a educação de nossos filhos — mas, no fim, o que queremos mesmo é o *sentimento* que tais coisas nos inspiram.

Bem, eis aqui algo em que refletir. Por mais longe que você pense estar atualmente de seus objetivos financeiros, está mais perto de gozar desse sentimento do que supõe. De fato, embora provavelmente não vá ficar milionário em pouco tempo, é muito possível começar a ter esse sentimento já nas próximas semanas.

Quer saber como?

## TENHA TUDO... COM O DÍZIMO

O que passo a ensinar-lhe é um sistema praticamente tão antigo quanto a civilização. Chama-se dízimo.

O que é, exatamente, o dízimo?

É a iniciativa de retribuir. É um princípio espiritual comum a muitas tradições segundo as quais você deve dar parte do que recebe e para as quais os que foram abençoados com a abundância têm o dever de ajudar os semelhantes com os dons da gentileza, do tempo, das idéias e do dinheiro. O que mais impressiona no dízimo é que, quando o dá, você é tocado por um sentimento que freqüentemente associamos à aquisição de coisas materiais.

Pensamos que mais dinheiro e mais bens vão nos fazer sentir melhor, mas esse nem sempre é o caso. Já não lhe sucedeu desejar muito uma coisa e, passada a excitação da posse, sentir-se estranhamente vazio, desapontado? Com o dízimo, quanto mais você dá, melhor se sente.

## VOCÊ CERTAMENTE JÁ OUVIU FALAR NISSO

Você sem dúvida sabe qual é o conceito de dízimo. E com toda a probabilidade ouviu falar pela primeira vez no assunto num contexto religioso, em sua igreja, templo ou mesquita. A palavra é derivada de "dez" e a idéia original era doar para a caridade 10% da colheita anual. Mas no dízimo está envolvido algo mais que porcentagens e produtividade agrícola. Ser dizimista não é uma questão de seguir tradições, tentar livrar-se de culpa ou contar com uma recompensa futura. É uma questão de dar pela pura alegria que isso proporciona.

Mas eis uma coisa impressionante: embora você deva dar apenas por dar, a verdade é que a abundância costuma fluir de volta para quem dá. **Quanto mais você der, mais receberá.** O fluxo de abundância é que nos traz mais alegria, amor, riqueza, significado em nossa vida. Falando de um modo geral, **quanto mais você der, mais rico se sentirá.** Por estranho que pareça, o fato é que o dinheiro geralmente flui mais depressa para aqueles que dão. Por quê? Porque quem dá atrai a abundância para a sua vida, não a escassez.

## OS AMERICANOS SÃO UM POVO MUITO GENEROSO

Como povo, os americanos estão sendo incrivelmente generosos. Em 2001, doamos mais de $200 bilhões para obras de caridade. E mais de três quartos disso foram de doações pessoais. Na verdade, nove entre dez lares americanos contribuem para uma entidade caritativa qualquer. Além disso, aproximadamente 93 milhões de adultos fazem algum tipo de trabalho voluntário, e cada voluntário doa em média mais de quatro horas do seu tempo por semana.

Esses são dados realmente impressionantes. E o que mais chama a atenção neles é o fato de que, por definição, todo esse esforço é feito de boa vontade, apenas pelo desejo de tornar o mundo um lugar melhor. Sem dúvida, o governo concede descontos de impostos a quem doa dinheiro a instituições idôneas, e ser conhecido como filantropo melhora a imagem pública do cidadão. Mas, neste caso, o ato de dar é sincero.

## COMO PAGAR O DÍZIMO

Você gostaria de contribuir? Afinal de contas, essa é uma decisão pessoal. Mesmo assim eu gostaria de sugerir que, se ainda não está contribuindo, faça uma tentativa. Reserve uma porcentagem da sua renda e passe a doá-la para uma boa causa. Poderá doar os 10% tradicionalmente associados ao dízimo, um pouco mais ou um pouco menos. Como eu já disse, o dízimo é uma decisão pessoal; não se refere a porcentagens, mas à gratificação de dar. O importante é que você, simplesmente, comece.

Talvez queira começar com pouco — doando, digamos, apenas 1% da sua renda — e ir aumentando as contribuições com o tempo, exatamente conforme o aconselhei a fazer com a decisão de Pagar-se em Primeiro Lugar. O processo de começar não só dará impulso à sua vida, mudando-lhe o destino, como você estará ajudando os outros enquanto isso.

Se o gesto lhe parecer atraente, examine o Plano para Pagamento do Dízimo em Cinco Passos, que se segue. É simples. Discuta-o com o seu cônjuge, se tiver um. Veja se lhe parece bem e faça uma tentativa. Você ficará perplexo ao notar como ajudar o próximo pode beneficiá-lo.

### PASSO UM: DECIDA SER UM DIZIMISTA

Para que o dízimo funcione, você precisa comprometer-se firmemente. Lembra muito a decisão de Pagar-se em Primeiro Lugar. Se você doar uma porcentagem da sua renda toda vez que receber, conseguirá um recorde impressionante de contribuições. Mas se resolver esperar o fim do ano para ver o que "sobrou", então estará doando pouco — ou nada.

Obviamente, agora que você liquidou as dívidas do cartão de crédito, não estou sugerindo que volte a endividar-se a fim de poder pagar o dízimo. Determine uma porcentagem que lhe pareça adequada e que sabe não lhe irá escapar ao controle. Feito isso, comprometa-se por escrito a doar essa quantia em bases duradouras.

**COMPROMISSO DE DÍZIMO**

A começar do dia ________________ [insira a data], contribuirei com ________% do que ganhar para obras de caridade.

Assinado: ____________________

### PASSO DOIS: AUTOMATIZE O PROCESSO

Não importa a quantia com a qual resolva contribuir, providencie para que ela seja automaticamente transferida de sua conta corrente em bases regulares. Hoje, isso é mais fácil do que nunca. Muitas instituições de caridade ficarão felizes em ajudá-lo a elaborar uma agenda de transferência automática (pela qual lancem o débito automático, regularmente, em sua conta corrente), sendo que muitas podem fazer isso *online*, em questão de minutos. Se você não achar conveniente que uma instituição de caridade saque sobre a sua conta bancária, talvez possa estabelecer uma transferência automática por meio do sistema de pagamento automático de contas *online* de seu banco. Muitos bancos oferecem esse serviço; simplesmente telefone para o seu e informe-se.

## PASSO TRÊS: PESQUISE A INSTITUIÇÃO DE CARIDADE ANTES DE DOAR

Para quem você vai doar, é decisão inteiramente sua. O melhor conselho que posso dar é que você se certifique de que a instituição para a qual dará o seu dinheiro penosamente ganho realmente usa os fundos coletados para ajudar pessoas ou causas, como alega fazer. Tenha em mente que a caridade é um negócio de grande porte e que os custos administrativos podem devorar uma boa porcentagem das contribuições. Em conseqüência disso, muitas entidades acabam gastando boa parte do dinheiro que recebem, não com as pessoas que deveriam ajudar, mas com os seus próprios salários e serviços burocráticos.

Não faz muito tempo, vi-me inteiramente envolvido numa causa que achava muito importante. Doei uma semana do meu tempo e levantei perto de $20.000 em contribuições em dinheiro — só para descobrir mais tarde que menos de 40% do que era recolhido ia para a causa. Embora esse dinheiro já fosse uma boa ajuda, fiquei desapontado ao descobrir que uma elevada porcentagem não alcançava os destinatários. Sem dúvida, nenhuma entidade pode investir mais de 100% do que recebe; mas pode, certamente, ir além dos 40%. Os especialistas recomendam que se busquem organizações de caridade que invistam pelo menos 75% do que arrecadam e se fique longe daquelas que não chegam aos 50% por causa do elevado custo da administração, gerenciamento e levantamento de fundos.

Seja, pois, um doador inteligente. Antes de doar, pesquise e faça perguntas.

## PASSO QUATRO: FIQUE DE OLHO EM SUAS CONTRIBUIÇÕES DEDUTÍVEIS

Para encorajar os americanos a doar mais, o governo dos Estados Unidos permite há muito tempo que os contribuintes deduzam as suas contribuições a entidades idôneas. Dependendo de quanto doar, você poderá abater até 50% do Imposto de Renda.

Sem dúvida, só pelo fato de uma organização se dizer caritativa, não significa que o IR lhe permitirá deduzir as contribuições que você fizer a ela.

Para que uma doação seja dedutível, a organização beneficente deve obrigatoriamente pleitear e obter a condição de isenta.

Para contribuições abaixo de $250, o IR exige que você guarde algum tipo de registro escrito, como um cheque compensado, uma carta ou recibo do beneficiado, um demonstrativo bancário ou de cartão de crédito que mostre onde e quando foi feita a doação. Se você doar mais de $250, o IR exigirá que a prova da doação seja preenchida com os dados de devolução do Imposto de Renda.

Saiba que nem todas as doações de caridade são 100% dedutíveis. Digamos que você gaste $500 em entradas para um evento beneficente no qual vá participar de um torneio de golfe ou de um jantar de gala. Uma vez que recebeu algo em troca do que deu, só poderá deduzir uma parcela da doação. A entidade deverá comunicar-lhe quanto de sua contribuição poderá ser realmente deduzida.

## PASSO CINCO: SAIBA MAIS SOBRE FUNDOS MÚTUOS PLANEJADOS DE DOADOR (AINDA NÃO HÁ NO BRASIL)

Em anos recentes, apareceu em cena um novo tipo de investimento de fundos mútuos, destinado especificamente a investidores interessados em obras de caridade. Chamados fundos planejados de doador ou fundos de caridade, eles permitem que as pessoas apliquem mais tarde o seu dinheiro em benemerência, mas gozem de dedução de impostos agora.

Esses fundos oferecem uma série de vantagens, entre elas:

- **Dedução imediata de impostos.** Uma vez o seu dinheiro depositado num desses fundos, você poderá obter uma dedução de impostos com base em seus limites IR do ano — mesmo que o dinheiro não vá logo para uma instituição de caridade.
- **Mais dinheiro para as instituições de caridade.** Uma das boas coisas desses fundos são as vantagens tributárias que oferecem para pessoas que queiram doar apólices cujo valor aumentou significativamente. Digamos, por exemplo, que você comprou um pacote de ações ou um fundo mútuo cujo valor subiu muito. Ao invés de vender os papéis, pagar um elevado imposto sobre ganhos de capital e depois doar o que sobrou, você pode simplesmente depositar o título num fundo de caridade. Além da dedução imediata de impostos, o investimento irá crescer sem pagar nada até você emitir um cheque para uma instituição — cheque que provavelmente será maior do que o que ela receberia após a venda do título.
- **Menos pressão.** Esses fundos são ótimos para pessoas que sabem que devem fazer doações (e querem de imediato a dedução dos impostos), mas

ignoram ainda a quem irão beneficiar. Você simplesmente coloca uma quantia no fundo, procede à dedução e depois decide, com calma, para qual entidade irá contribuir.

- **Criação de um legado.** À medida que a sua fortuna crescer (e crescerá em conseqüência do modo como está agindo), você ficará cada vez mais em posição de contribuir para uma mudança permanente no mundo. Os fundos de doador permitem-lhe edificar uma verdadeira base de caridade para a sua família, de vez que mais de uma pessoa poderá contribuir para o fundo.

É importante compreender que, se você investir num desses fundos, a doação será irrevogável. Você não poderá tomá-la de volta. O dinheiro permanecerá lá até que você o direcione para uma instituição de caridade.

## ALGUMAS DAS PESSOAS MAIS RICAS DO MUNDO CONTRIBUÍRAM ANTES DE ENRIQUECER

Se você estudar a vida dos grandes líderes, visionários e empresários de nosso tempo, descobrirá um surpreendente vínculo comum entre muitos deles: bem antes de fazer fortuna, eles já contribuíam.

Um ótimo exemplo desse padrão é Sir John Templeton. Sem dúvida um dos maiores investidores do mundo e multimilionário, Templeton é hoje tão conhecido por suas obras filantrópicas quanto por seu talento financeiro. Entretanto, Sir John não esperou ficar rico para começar a contribuir. Foi um doador desde o princípio — mesmo quando mal podia pagar o aluguel.

Nos dias em que Templeton e a esposa ganhavam apenas cinqüenta dólares por semana, pagavam-se em primeiro lugar 50% da renda — e ainda assim conseguiam contribuir. Ele se tornou milionário.

Não é um caso a se pensar?

### PASSOS DE AÇÃO DO MILIONÁRIO AUTOMÁTICO

Rememorando os passos discutidos neste capítulo, eis o que você deve fazer para ser um dizimista automático.

- ❑ Determine a quantia que pretende destinar à caridade.
- ❑ Escolha uma instituição de caridade que o sensibilize, em que confie e cujas atividades pesquisou.
- ❑ Automatize as suas doações em bases mensais ou quinzenais.
- ❑ Acompanhe as suas doações para fins de Imposto de Renda.

# A SUA JORNADA COMEÇA HOJE!

Se é tão fácil tornar-se um Milionário Automático, por que mais pessoas não conseguem isso? Resposta: a natureza humana. A maioria de nós não pratica aquilo que sabe muito bem que deveria praticar.

Em geral, as pessoas querem se sair bem financeiramente, mas nunca encontram tempo ou energia para se preparar para o sucesso. Ouvem a respeito de programas como o que apresentamos aqui, mas inventam razões para ignorá-lo. Parece fácil demais para ser verdade, dizem eles. *Tornar-se um Milionário Automático? Está bem, conte outra!* Ou, pior ainda, compram um livro como este e ficam entusiasmados, mas nada fazem com o conhecimento adquirido.

Não seja uma dessas pessoas. Tenha em mente que você já realizou algo incrível e está pronto para mudar o seu destino para sempre. Você tomou a iniciativa de comprar e ler o livro. É possível que já tenha começado a pôr em prática as idéias sobre Pagar-se em Primeiro Lugar e automatizar o processo. Nesse caso, ótimo! Mas, se não começou, agora é a hora de começar.

Não espere. O programa do Milionário Automático baseia-se em princípios simples, que funcionam. Eles não são difíceis de pôr em prática. **Você só precisa começar.**

Releia o capítulo que porventura o tenha inspirado mais. Talvez, como eu, você ache que a história dos McIntyres tocou-o num ponto sensível e deixou-o pensando: "Se eles podem, eu também posso". (Se pensou assim, você está certo.)

Pode ser que você esteja curioso quanto a determinar o seu Fator Café. Sei por muitos leitores de meus outros livros que esse conceito simples mudou milhares de vidas. Poderá mudar a sua? O meio mais rápido de descobrir isso é ir à página 40 e vigiar as suas despesas de um dia. Veja o que acontece: ficará mais motivado a Pagar-se em Primeiro Lugar.

Talvez você tenha apreciado bastante a idéia de passar à frente do governo e Pagar-se em Primeiro Lugar. Então, para que esperar? Amanhã mesmo, abra um fundo de investimento orientado à aposentadoria em sua empresa ou um IRA num banco ou corretora. E **automatize o processo** para não mais se preocupar com a movimentação do dinheiro. Lembre-se: quando você automatiza o seu programa de poupança, não precisa nem de disciplina nem de tempo. Estará se pagando em primeiro lugar AUTOMATICAMENTE.

Você sem dúvida ficou espantado ao descobrir quantas preocupações a menos teria na vida se possuísse uma conta para os dias difíceis, provida automaticamente. Não importa quais sejam as suas circunstâncias, ser-lhe-á bem mais fácil gozar a vida quando souber que tem no banco o equivalente às despesas de vários meses. Se isso lhe parecer atraente, use os passos do Capítulo 5 para tornar-se uma das raras pessoas que realmente mantêm uma reserva para casos de emergência.

Pode suceder que você seja um inquilino encorajado pelo Capítulo 6 a tornar-se proprietário. Na verdade, não conseguirá nunca ser um Milionário Automático se não possuir a sua própria casa. Pois agora já sabe como tornar-se um proprietário automaticamente e sem dívidas!

Talvez esteja pesadamente endividado, mas motivado a adotar o estilo de vida isento de dívidas descrito no Capítulo 7. Isso de fato poderá ajudá-lo... se você entrar em ação.

Ou talvez se tenha entusiasmado com a idéia de retribuir. Afinal, riqueza não é mera questão de dinheiro: diz respeito à vida. Quanto mais você dá, mais recebe. É melhor dar mais do que pensa que é capaz: veja então quanta abundância lhe vem ter às mãos.

Em suma, não importa a parte do programa do Milionário Automático que mais o tenha entusiasmado, há uma pergunta que você sempre deverá fazer: Por que não? Por que não aplicar o que aprendeu neste livro? Por que não automatizar todas as suas operações financeiras? Se não gostar dos resultados, sempre poderá voltar ao sistema que adotava antes.

Sem dúvida, o meu palpite é que não voltará. Acredito que, uma vez posto em movimento o processo do Milionário Automático, você o deixará funcionar enquanto faz as pazes com a vida, livre de angústias por causa de dinheiro e de segurança financeira. Antes que o perceba, o seu futuro será brilhante. Ao invés de preocupar-se com dinheiro, estará a caminho de tornar-se um Milionário Automático. Talvez dê um passo à frente e incentive os seus amigos a fazerem o mesmo, empreendendo a jornada com você.

Imagine a sua vida daqui a cinco anos, com dinheiro no banco, nenhuma dívida, uma casa própria e um plano firmado para tornar-se rico enquanto ajuda os semelhantes. Imagine se aqueles a quem você estima trilhassem o mesmo caminho. Como seria bom!

Enquanto você segue os passos de Jim, Sue McIntyre e todos os outros Milionários Automáticos que tive a sorte de conhecer, quero que saiba que os meus pensamentos e orações o acompanharão. Sei que é uma pessoa muito especial, com sonhos e dons diferenciados. Sei que merece vê-los realizados. E sei que poderá consegui-lo.

Se este livro tocou você, escreva para mim. Conte-me os seus sucessos, desafios e inspirações pelo endereço success@finishrich.com. Até nos vermos de novo, aproveite a vida. Que ela seja maravilhosa.

# AGRADECIMENTOS

São necessárias muitas, muitas pessoas para dar vida a um livro; e houve muitas, muitas pessoas que, ao longo dessa jornada, me ajudaram a ajudar os outros a viver bem e enriquecer. *Smart Women Finish Rich*, *Smart Couples Finish Rich*, *The Finish Rich Workbook* e agora *O Milionário Automático* jamais teriam chegado às mãos de milhões de pessoas se eu não tivesse uma equipe que me apoiasse e amasse. Foi só graças às pessoas abaixo mencionadas que pude gozar do privilégio dessa incrível jornada à volta do mundo e atingir tanta gente com as minhas idéias e escritos.

Às pessoas que se seguem, o meu caloroso MUITO OBRIGADO!

Primeiro, aos meus leitores. Nos últimos cinco anos, recebi milhares de cartas e e-mails de vocês. Eles me inspiraram a fazer mais ainda do que vinha fazendo. As suas perguntas — bem como as suas histórias sobre como os meus livros os ajudaram a controlar melhor a vida financeira e realizar sonhos — foram o que me incentivou. Saber que cheguei até tantos de vocês faz com que todos os meus escritos, palestras e viagens valham a pena. Espero sinceramente que o presente livro atenda às suas expectativas e responda à pergunta que me fazem repetidamente: Qual é o VERDADEIRO SEGREDO para enriquecer?

À minha equipe do Doubleday Broadway Publishing Group: eis aí uma parceria que de fato aprecio e usufruo. A Stephen Rubin, meu editor, Michael Palgon, Bill Thomas e Gerald Howard, obrigado por apoiarem a tese do Milionário Automático. Este livro é mais que um livro; é um movimento, e vocês o estão ajudando a tomar pé na Broadway. Para Kris Puopolo, meu diretor editorial, este livro representou uma verdadeira colaboração. Você é o patrono que todo autor sonha ter um dia. A Beth Haymaker, obrigado por todo o apoio de bastidores. Você fez excelente trabalho mantendo-nos no caminho certo. À minha equipe de RP na Broadway, David Drake, Jessica Silcox e Laura Pillar: agora são quatro livros! Que posso dizer exceto que sou grato a tudo quanto fizeram para ajudar-me a divulgar a mensagem? Vocês acreditaram no projeto desde o primeiro dia e foi graças à sua orientação que pude chegar a tantos leitores. A Catherine Pollock e Janelle Moburg, obrigado por seus esforços de marketing e vendas; vocês fizeram mais do que se esperava por este livro e a sua missão. A Jean Traina e John Fontana, grato pelo maravilhoso trabalho da capa; vocês captaram muito bem o espírito do livro.

Allan Mayer: agora, já fizemos juntos quatro livros. Poucos relacionamentos no mundo literário duram tanto e o nosso vai ficando cada vez melhor. Obrigado; tem sido uma jornada gratificante. Obrigado também por ter enfrentado todo o processo de reescrever com um bebê novinho em folha. Este texto é dedicado ao bebê Sasha e a Renee!

Jan Miller, meu agente literário astro de *rock*, saudações. Você me acolheu quando eu era um simples consultor financeiro munido de um sonho — e agora, olhe para nós! Um milhão de exemplares depois, estamos realmente chegando lá! E é tudo muito mais divertido do que eu pensava. Shannon Miser Marvin e Kim Wilson: vocês são o máximo. Obrigado por prepararem o que, em 2005, serão seis livros. Sei que lhes exigi muito e, sinceramente, aprecio a sua dedicação.

Ao time dos sonhos que me apóia na FinishRich, Inc., muito obrigado. Primeiro a Liz Dougherty, o meu "braço direito". Foi verdadeiramente uma bênção tê-la encontrado. Grato por facilitar-me a vida. Você é uma assistente estratégica de classe internacional. Stephen Breimer, meu advogado: sou-lhe agradecido todas as vezes que o encontro. Obrigado por proteger-me em tudo o que faço. À minha equipe de agentes, Mark e Erik Stroman da Entertainment Marketing Partners e Mark Pearlman, obrigado por sua visão, perspicácia e empenho em ajudar-me a atingir cada vez mais pessoas. Estou entusiasmado com o nosso futuro juntos. Meu agente de serviços financeiros, Harry Cornelius: fazemos negócios há cinco anos e vamos continuar. Que jornada, que fôlego! Você tem sido um autêntico profissional desde o primeiro momento.

Às vezes, quando acalentamos um sonho, temos a sorte de encontrar um sócio capaz de ajudar a concretizá-lo. No meu caso, um desses sócios foi a Van Kampen Investments. Trabalhamos juntos desde 2000 para educar centenas de milhares de pessoas em toda a América do Norte com os seminários Smart Women Finish Rich e Smart Couples Finish Rich. Agradecimentos muito especiais vão para Dave Swanson, Scott West, Lisa Kueng, Gary DeMoss, Kristan Mulley, David Litton, Carl Mayfield, Jim Yount, Mark McClure, Eric Hargens e Mike Tobin, além de mais de oitenta vendedores que patrocinaram e ministraram os seminários milhares de vezes. A Jack Zimmerman, Dominick Martellaro e Frank Mueller, obrigado por seu apoio ao longo dos anos. A minha mais profunda gratidão também aos milhares de consultores financeiros que agora, anualmente, apresentam o seminário FinishRich. Atingimos perto de 500.000 pessoas nos últimos quatro anos. Realmente espantoso. A Jack Kemp e Paula Dooher, da Morgan Stanley, obrigado por me enviarem por todo o país a fim de espalhar a mensagem de *Smart Couples Finish Rich.* Foi, de longe, o seminário mais bem-sucedido que eu havia apresentado até então, tendo atingido milhares de casais em questão de semanas. Mal posso esperar para viajarmos novamente juntos em 2004.

À equipe da AOL — Tina Sharkey, Jodi Hooper, Jennie Baird e Jamie Hammond —, obrigado por terem percebido imediatamente a força de *O Milionário Automático.* Vamos, juntos, mudar muitas vidas. Estou contente por ser o primeiro consultor financeiro da AOL. Será uma grande aventura.

Há, depois, os muitos mentores e instrutores que continuam a ensinar-me. Sou grato a Dan e Babs Sullivan pelo Strategic Coach, bem como por aconselhar-me a dividir o meu conhecimento com o mundo. Richard Carlson, Barbara DeAngelis, Tony Robbins, Mark Victor Hansen, Robert Allen, Robert Kiyosaki, Louis Barajas, Dottie Waters, Joe Polish, Bill Bachrach, Marcia Weider, Steven Krein e muitos, muitos outros — todos vocês não pouparam tempo, durante anos, para ensinar-me pessoalmente como melhorar naquilo que fazia. Obrigado por isso.

Aos meus queridíssimos amigos de todo o mundo que continuam a amar-me independentemente do tempo que levo para retornar-lhes os telefonemas ou e-mails, obrigado por estarem sempre aí. Menciono especialmente Bill e Jenny Holt, Andrew e Belinda Donner, Betsey e T. G. Fraser, Jeff e Caroline Guenther, Jeff e Donna Odiorne, David Kronick, Bill e Courtney Decker, Michael Karr, como também os nossos novos e queridos amigos de Nova York, Steven e Rebecca Krein, Mary e Brant Cryder: obrigado por transformarem o nosso novo lar num lar verdadeiro. Obrigado, ainda, ao novo time dos sonhos de pessoas empreendedoras com que conto em Nova York — o meu YEO Forum (Roark, Asha, Tiso, Matt, "B"Martin, David, Tina, Eric): amo-os a todos! Aos meus parentes por afinidade, Joan e Bill Karr, grato não só por me permitirem conhecer Michelle como por terem me recebido no seio de uma família onde existe tanto amor e tanto apoio. À minha ama e à minha avó Goldsmith, obrigado por viverem uma longa vida e, assim, me permitirem que aprenda com vocês: amo-as.

Marty e Bobbi Bach, meus pais, que continuam a ser os meus maiores fãs: descubro cada vez mais, a cada dia, quanta sorte tive de ser filho de vocês. Admiro-os imensamente como pessoas e amo-os como meus genitores. Para com a minha irmãzinha Emily e o seu marido Tom Moglia, afora o muito que os estimo, sou realmente grato pelo maravilhoso trabalho que fizeram assumindo os meus negócios de planejamento financeiro. O Bach Group era uma grande máquina, construída no curso de uma década, e sei que vocês trabalharam duro com os nossos clientes nestes últimos e difíceis anos.

Minha maravilhosa esposa Michelle: nos últimos dezoito meses, em que nos mudamos para Nova York deixando para trás amigos e família, escrevi três livros, viajei trezentos mil quilômetros, e fiz centenas de programas de televisão e rádio. Mesmo assim, você continua a me amar. Não apenas ouviu diariamente tudo de bom ou mau que eu tinha a dizer como as suas sugestões fizeram deste livro o que ele é. Dizer obrigado parece muito pouco, mas... OBRIGADO. Já vivemos uma década de amor e amizade e a cada dia me sinto mais feliz por tê-la conhecido. Ao meu filho que, enquanto escrevo estas palavras, vai crescendo no ventre da mãe, obrigado por fazer-me compreender até que ponto a vida é especial. Saber que você irá entrar em nossas vidas — eis, verdadeiramente, o que é ser rico. Mal posso esperar para conhecê-lo.

Finalmente, aos milhares de pessoas que conheci individualmente como consultor financeiro, asseguro que as suas histórias me proporcionaram inumeráveis lições a serem ensinadas a todos e agora as reconheço como um valioso presente.

Agradeço e amo profundamente a todos!

*David Bach*
*Nova York*

# SOBRE O AUTOR

David Bach é autor dos *bestsellers* nacionais *Smart Women Finish Rich*, *Smart Couples Finish Rich*, *Finish Rich Workbook* e do recém-lançado *1001 Financial Words You Need to Know.* Apresentador de seu próprio especial "Smart Women Finish Rich", é perito financeiro, escritor e educador de reputação internacional.

David Bach é criador da série de livros e seminários FinishRich™, que divulgam suas estratégias financeiras fáceis e rápidas, das quais milhões de pessoas já se beneficiaram. Apenas nos últimos anos, cerca de meio milhão de pessoas freqüentaram os seus seminários Smart Women Finish Rich® e Smart Couples Finish Rich®, ministrados em toda a América do Norte por milhares de consultores financeiros em mais de 1.500 cidades. Todos os meses, graças a esses seminários, homens e mulheres aprendem em primeira mão como agir financeiramente de modo inteligente para viver uma vida em consonância com os seus valores.

David Bach aparece regularmente na televisão e no rádio, bem como em jornais e revistas, no papel do consultor financeiro que torna fácil de entender o planejamento do dinheiro. Tem um quadro no *The View* da ABC e já se apresentou em *Weekend Today* (NBC), *The Early Show* (CBS), *The O'Reilly Factor* (Fox News Channel), CNBC, CNN e MSNBC. Foi entrevistado em grandes publicações como *BusinessWeek*, *USA Today*, *People*, *Financial Times*, *Washington Post*, *Wall Street Journal*, *Los Angeles Times*, *San Fran-*

*cisco Chronicle*, *Working Women*, *Bottom Line Personal* e *Family Circle*. Os seus livros apareceram nas listas de *bestsellers* do *New York Times*, *Wall Street Journal*, *USA Today*, *BusinessWeek*, *Washington Post*, *Boston Globe*, *San Francisco Chronicle*, *Denver Post*, Amazon.com e Barnes&Noble.com. Os livros de Bach são *bestsellers* internacionais e já foram traduzidos para sete línguas.

Orador de renome, David Bach apresenta todos os anos seminários e tópicos de discussão nas principais firmas internacionais de serviços financeiros, companhias Fortune 500, universidades e congressos nacionais. É fundador e executivo-chefe da FinishRich, Inc., empresa dedicada a revolucionar o modo como as pessoas encaram o dinheiro. Antes de fundar a empresa, era vice-presidente sênior da Morgan Stanley e sócio de The Bach Group (1993 a 2001), que nesse tempo chegou a administrar mais de meio bilhão de dólares de investidores individuais.

David Bach é o consultor para assuntos de dinheiro da America Online (senha AOL: David Bach) e apresenta o programa de rádio de âmbito nacional *Live Rich with David Bach* na Sirius Network. Mora com a esposa Michelle em Nova York, onde atualmente trabalha no sexto livro, *Start Young, Finish Rich*. Visite o seu *site* em www.finishrich.com.